Les magistrats en Guinée

5-7, rue de l'Ecole polytechnique ; 75005 Paris

http://www.librairieharmattan.com
diffusion.harmattan@wanadoo.fr
harmattan1@wanadoo.fr

ISBN : 978-2-296-05953-5
EAN : 9782296059535

Mamadou Alioune DRAME

Les magistrats en Guinée

Une publication de l'ONG « GUINEEJURISTES »

L'Harmattan

DU MEME AUTEUR

- Manuel pratique du Juge d'Instruction (1992), tome I, tome II et tome III ;
- Cours d'Institutions Internationales, tome I, Université de Conakry, Editions Universitaires, 1994 ;
- Droit (Questions - Réponses), tome I (Droit pénal, procédure pénale, Droit civil, procédure civile), Editions Universitaires, 1995 ;
- La Police Judiciaire, tome I et tome II, Editions Universitaires, Conakry, 1995 ;
- Principaux textes pour l'étudiant en Droit, tome I, tome II et tome III, Editions Universitaires, Conakry, 1995.
- Droit pénal spécial, tome I, Les Editions « La Source », Conakry, 1997 ;
- Droit pénal spécial, tome II, Les Editions « La Source », Conakry 2003,
- Cours de Droit pénal général en collaboration avec Maître Famoro Sydram CAMARA, Les Editions « La Source », Conakry 2007.

A PARAITRE

- Les Constitutions guinéennes de 1958 à nos jours ;
- Textes sur l'organisation judiciaire guinéenne ;
- L'organisation judiciaire guinéenne ;
- La compilation des instruments internationaux relatifs aux droits de l'enfant et à la Justice des mineurs en Guinée ;
- Les Avocats en Guinée ;
- Les Huissiers de Justice en Guinée ;
- Les Notaires en Guinée ;
- Mémento du Parquet ;
- Guide des droits des femmes ;
- Les violences faites aux femmes et aux enfants...........

A

Aïssatou Kindy DIALLO,
Mon épouse.

« Comme Dieu fait les rois pour tenir sa place au-dessus des hommes, il ne les élève à ce rang que pour faire régner lui-même, par l'empire de la Justice qu'il met entre leurs mains… ».

Domat, Dédicace au Roy des Lois Civiles dans leur ordre naturel.

AVANT - PROPOS

J'ai voulu à travers cet ouvrage faire connaître les Magistrats qui ont la lourde responsabilité de rendre la Justice au nom du Peuple de Guinée.

Les Magistrats sont ces hommes et ces femmes qui, vivant dans une Institution mal connue qu'est la Justice, un des pouvoirs de l'Etat, jouent un rôle essentiellement sublime dans la recherche quotidienne de la quiétude dans la Cité.

Pour assurer le Service public de la Justice, les Magistrats, environ 230 personnes, sont répartis dans l'ensemble des juridictions de la République de Guinée. Ils se regroupent en deux grandes catégories, les Magistrats du Siège et les Magistrats du Parquet.

Après avoir indiqué le métier de ces Magistrats professionnels, j'ai jugé utile de parler des Magistrats non professionnels, élus ou désignés pour exercer des fonctions judiciaires temporaires sans oublier tous les Serviteurs de la Justice, qui ont des relations avec les Magistrats, à savoir les Avocats, les Huissiers de Justice, les Notaires, les Greffiers, etc. qui, chacun dans son domaine d'activité judiciaire apporte sa contribution dans la construction d'un Etat de Droit pour le bonheur du Peuple au nom duquel toutes les décisions sont rendues.

Puisse cet ouvrage servir. C'est mon vœu le plus ardent.

Kankan, le 9 mai 2001

- Dramé Mamadou Alioune -

LES MAGISTRATS EN GUINEE

LES MAGISTRATS EN GUINEE

INTRODUCTION

Rendre la Justice suppose l'intervention d'un ou plusieurs Juges chargés de trancher les litiges portés devant eux. De nombreuses autres personnes, professionnelles du Droit ou non, vont également participer au fonctionnement de la Justice.

L'ensemble de ce personnel est généralement appelé le « Personnel judiciaire ».

Il faut distinguer les Magistrats, chargés d'examiner les différents litiges et les auxiliaires de la Justice ou autres collaborateurs, qui contribuent au bon fonctionnement de la Justice. Ceux-ci feront l'objet d'une autre étude.

Nommés par Décret du Président de la République, sur proposition du Ministre de la Justice et après avis du Conseil Supérieur de la Magistrature, les Magistrats forment deux grandes branches de la « famille judiciaire » : Les Magistrats du Siège ou « Magistrature assise » (les Magistrats se tenant assis sur l'estrade) et les Magistrats du Parquet ou « Magistrature debout » de la Cour Suprême, des Cours d'Appel, des Tribunaux de première Instance et des Justices de paix.[1]

- Les Magistrats du Siège ont pour mission essentielle de prononcer les décisions sur les litiges qui relèvent de leurs compétences et qui leur sont soumis par les parties (ou plaideurs) ou sur « réquisitions » du Parquet. Avant de se prononcer, ils entendent les Avocats des parties et selon les cas, le représentant du Ministère public (Procureur de la République, Procureur Général, Avocat Général ou leurs Substituts).

---

[1] *Le Corps judiciaire comprend également les Magistrats du Cadre de l'Administration Centrale du Ministère de la Justice et les Auditeurs de Justice.*

Sous cette rubrique figureront, d'une part, les Juges civils qui tranchent les litiges entre particuliers (ou parfois entre les Collectivités publiques et les personnes privées) : Droit de propriété, loyers, assurances, contrats de travail, responsabilité civile. Exemple : Une séparation de corps, un divorce, une succession, la part de responsabilité d'un conducteur dans un accident de la circulation, etc.

D'autre part, les Juges répressifs qui se prononcent sur la culpabilité et la gravité de l'infraction (contravention, délit, crime) commise contre la Loi pénale, c'est-à-dire contre la Société (vol, abus de confiance, meurtre, etc.).

La règle constitutionnelle concernant l'inamovibilité des Magistrats du Siège suppose qu'ils ne peuvent être ni destitués, suspendus ou déplacés que dans des conditions prévues par la Loi. Ils dépendent du Conseil Supérieur de la Magistrature (CSM) pour les nominations et la discipline. Le sens du mot inamovibilité refuse toute atteinte à la Magistrature par l'Exécutif. Il constitue la meilleure garantie d'indépendance et de dignité des Magistrats du Siège.

- Les Magistrats du Parquet : Installé à la même hauteur que le Juge du Siège sur l'estrade, par suite, dit-on, d'une erreur de menuisier, le Magistrat du Parquet (ou Parquetier) représente à l'audience le Ministère public. Celui-ci est une institution commune à la procédure pénale et à la procédure civile. Tantôt partie jointe, tantôt partie principale en matière civile, en tant que demandeur, il est toujours partie principale au procès pénal.

L'expression « Ministère public » désigne l'ensemble des Magistrats chargés par la Société d'exercer l'action publique. C'est le Ministère public qui déclenche l'action publique, surveille la marche du procès pénal, exerce les voies de recours, assure l'exécution des jugements.

Cette étude va concerner, d'une part les Magistrats professionnels (Chapitre I) et, d'autre part, les Magistrats non professionnels (Chapitre II).

CHAPITRE I : LES MAGISTRATS PROFESSIONNELS

Serviteurs fidèles de Thémis,[2] les Magistrats professionnels, hommes et femmes, représentent les principaux acteurs des Cours et Tribunaux.

Pour mieux cerner ce Corps de l'appareil judiciaire, il convient d'étudier divers points régissant l'ensemble des règles organisant la profession.

Le terme de Magistrat est plus large que celui de Juge. Il englobe à la fois les Juges, proprement dits, et les Magistrats du Ministère public qui ne jugent pas, mais représentent devant les juridictions les intérêts de la Société.

Sous différentes appellations, ce sont les mêmes Magistrats qui jugent tantôt les procès civils, tantôt les procès répressifs. Ils sont recrutés de la même façon et indistinctement pour les deux fonctions. Tout Magistrat a vocation à être nommé, au cours de sa carrière, à des fonctions du Siège ou du Parquet.

Section 1: Les conditions de recrutement

Les conditions de recrutement des Magistrats sont fixées par les articles 3 et 4 de la Loi Organique L/91/011/CTRN du 23 décembre 1991 portant Statut de la Magistrature[3].

Ces articles montrent qu'il y a deux modes de recrutement : L'accès sur concours, d'une part et l'accès sur titres, d'autre part.

« Nul ne peut être nommé Magistrat s'il ne réunit les conditions suivantes :
- Etre de nationalité guinéenne ;
- Jouir de ses droits civils et civiques ;
- Etre de bonne moralité ;

---

[2] *Déesse de la Justice dans la Mythologie grecque. Elle était fille d'Ouranos et de Gaia.*

[3] *Il a fallu 33 ans avant que les Magistrats guinéens n'aient leur Statut !*

- Etre titulaire d'une Maîtrise en Droit au moins ou d'un Diplôme reconnu équivalent par le Ministre chargé de l'Education Nationale;
- Etre Diplômé d'une Ecole de Magistrature ;
- Etre reconnu indemne ou définitivement guéri de toute maladie contagieuse et de toute affection susceptible de donner lieu à congé de longue durée ».

L'accès sur titres est prévu par l'article 4 :

« Peuvent être nommés directement Magistrats :

1) - Les Avocats inscrits au Barreau guinéen et ayant plus de cinq années de pratique professionnelle ;
2) - Les Professeurs, Maîtres de conférence et Maîtres assistants dans une Faculté de Droit depuis plus de deux années universitaires.

Le grade et l'échelon des Magistrats ainsi nommés directement sont fixés par le Ministre de la Justice, Garde des Sceaux, après avis du Conseil Supérieur de la Magistrature ».

Pour ce recrutement, si jusqu'à présent les Magistrats sont en majorité diplômés de l'Institut Polytechnique « Gamal Abdel Nasser » de Conakry héritière de l'ancienne Ecole Supérieure d'Administration ou de la Faculté de Droit, ou encore de la Faculté de Droit, des Sciences Economiques et de Gestion, le recrutement sur titres est très réduit.[4]

---

[4] *Maître Lamine SIDIME, Avocat à la Cour a été nommé Premier Président de la Cour Suprême par Décret n° 92/96/PRG/SGG du 3 avril 992. Il occupe actuellement le même poste depuis le Décret 2005/0035/PRG/SGG du 1er août 2005 et a été installé le 14 novembre 2005. Il en est de même de Dr Ansoumane CAMARA (qui était Chef de la Section Dettes Extérieures au Ministère de l'Economie et des Finances, nommé le 30 avril 2001, Président de la Chambre des Comptes de la Cour Suprême.*

Au regard des textes disponibles, il y a lieu de retenir que le recrutement tient compte de l'intégrité et de la compétence des personnes sélectionnées pour remplir les fonctions de Magistrat.

Ces personnes doivent justifier d'une bonne formation et de qualifications juridiques suffisantes. Ce qui, à coup sûr, va garantir la profession contre les nominations abusives fondées sur la race, le sexe, la religion, l'opinion politique ou autre.

Depuis 1987, il n'y avait pas eu de recrutement de Magistrats. Or, dans les années à venir nombreux sont ces Magistrats qui seront admis à faire valoir leurs droits à la retraite. Ce fait va incontestablement amplifier le désordre qui règne dans nos juridictions.

Un recrutement a été réalisé par le Ministère de l'Emploi et de la Fonction publique qui a intégré dans le Corps des Magistrats des Greffiers et Greffières qui avaient suivi des Cours à l'Université « Gamal Abdel Nasser » de Conakry. Ce sont plus d'une dizaine d'entre eux qui exercent actuellement dans les différentes juridictions du pays.

En 2005, suivant Arrêté n° 2005/4560/MEFP/DNFP/SGAG du 20 septembre 2005 portant engagement de 539 fonctionnaires, vingt-sept nouveaux Magistrats ont été recrutés par le Ministère de l'Emploi et de la Fonction publique. Ces fonctionnaires étant tous « titulaires de Diplômes d'Etudes Supérieures (DESS, Session 2004) classés parmi les dix premiers de chaque option des Universités et Institutions d'Enseignement Supérieur guinéennes ayant satisfait aux conditions de recrutement » ont été engagés dans les effectifs de la Fonction Publique de divers cadres uniques et corps en qualité de fonctionnaires stagiaires.

Les vingt-sept nouveaux Magistrats venant de l'Université « Gamal Abdel Nasser » (16), de l'Université « Kofi Annan » de Conakry (10) et de l'Université Consulaire (1) ont été répartis entre les différents Départements Ministériels. Sept ont été affectés au Ministère de la Justice.

La limite d'âge fixée à 65 ans semble conforme à la réalité pour les départs à la retraite. Le rajeunissement de l'appareil judiciaire doit donc être entrepris progressivement pour rajeunir le personnel de la Magistrature.

C'est la raison pour laquelle l'Arrêté conjoint (Ministre de la Justice et Ministre de l'Emploi et de la Fonction Publique) n° 1465 /MJ/MEFP/SGG/2006 du 4 avril 2006 a porté ouverture et modalités d'organisation d'un concours de recrutement de trente Auditeurs de Justice.

Au regard de cet Arrêté conjoint, le dossier de candidature au concours comporte une demande manuscrite, adressée au Ministre de la Justice, déposée au Centre de Formation et de Documentation Judiciaires, un extrait de naissance, un Certificat de résidence, un extrait du Casier judiciaire datant de moins de trois mois, un Certificat de nationalité guinéenne, une copie conforme de la Maîtrise en Droit, un Certificat de visite et de contre-visite médicales datant de moins de trois mois, deux photographies d'identité sur fond blanc (3,5 X 4,5), une enveloppe timbrée à l'adresse du candidat et un engagement décennal de servir l'Etat guinéen.

Le Jury était composé comme suit :

Président : Le Premier Président de la Cour d'Appel de Conakry ;
Vice-président : Le Directeur National de la Fonction Publique ;

Rapporteurs :

- Le Directeur du Centre de Formation et de Documentation Judiciaires ;
- Le Chef de Division, Formation et Recrutement du Ministère de l'Emploi et de la Fonction Publique ;
- Le Chef de Division Ressources Humaines du Ministère de la Justice.

Membres :

- Le Directeur National des Affaires Judiciaires ;
- L'Inspecteur Général des Services Judiciaires ;
- Le Greffier en Chef de la Cour d'Appel de Conakry ;
- Madame la Présidente de la Section commerciale du Tribunal de première Instance de Kaloum ;
- Un représentant du Conseil de l'Ordre des Avocats.

Ce Jury avait compétence pour le choix des sujets et la correction des épreuves. Il devait arrêter la liste des candidats admis à participer au concours qui comportait deux phases : Une phase d'admissibilité et une phase d'admission.

La phase d'admissibilité portait sur une épreuve de nature juridique.

Le questionnaire de l'épreuve écrite, pour une durée de quatre heures avait porté sur les matières suivantes :

A- En Droit pénal - Procédure pénale :

1 - Le déni de Justice est :

- Le fait pour un Juge ou un Tribunal de refuser d'examiner une affaire qui lui est soumise ;
- Le fait pour un Juge ou un Tribunal de rendre une décision erronée.

2 - L'auteur d'une tentative de délit :

- Encourt toujours une peine ;
- N'encourt jamais de peine ;
- Encourt une peine si une disposition légale le prévoit.

3 - L'action publique est exercée par :
- Le Président du Tribunal ;
- Les Magistrats du Ministère public ;
- Tout fonctionnaire de Police ;
- Tout plaignant d'un dommage.

4 - En Guinée, un Juge de paix peut :

- Dans certains cas remplir les fonctions de Juge d'Instruction ;
- Etre investi des pouvoirs du Procureur de la République ;
- Etre Avocat.

5 - La durée de garde à vue ordinaire peut être prolongée de :

- 12 heures ;
- 24 heures ;
- 48 heures.

6 - Une personne citée à Parquet ne comparait pas.

Elle est condamnée en son absence. Le jugement est qualifié de :

- Jugement contradictoire ;
- Jugement contradictoire à signifier ;
- Jugement réputé contradictoire ;
- Jugement par défaut ;
- Jugement itératif défaut.

7 - En matière correctionnelle, le délai d'appel ouvert au prévenu condamné est de :

- 10 jours ;
- 15 jours ;
- 1 mois ;
- 2 mois.

8 - Les procès-verbaux établis par les Officiers de Police Judiciaire :

- Font foi jusqu'à preuve contraire ;
- Font foi jusqu'à inscription de faux.

9 - Le jugement doit contenir :

- Des motifs ;
- Un dispositif.

10 - Expliquez la règle : « Le criminel tient le civil en l'état ».

11 - Combien de temps a-t-on pour intenter l'action publique après que l'infraction ait été commise ?

12 - L'accusé Mamadou DIALLO, poursuivi pour coups et blessures volontaires ayant entraîné la mort sans intention de la donner, est décédé le 05 mai 2006 à la Maison Centrale de Conakry.

Quelle conséquence la procédure pénale accorde t-elle au décès de cet accusé ?

13 - Dégagez les différences entre le vol, l'escroquerie et l'abus de confiance.

14 - Amadou DIALLO, Garde communal à la Mairie de Matoto, se prévaut de la qualité de Policier en service à la Direction Nationale de la Police de l'Air et des Frontières pour se faire remettre la somme de cinq cent mille (500.000) francs guinéens par le citoyen Boubacar BARRY, commerçant, qui désire obtenir un passeport dans un bref délai.

Après de vaines démarches, Boubacar BARRY ne parvient à récupérer ni son passeport ni son argent.

Pour quelle infraction Boubacar BARRY peut-il porter plainte ?

B - En Droit civil – Procédure civile :

1 - Le Juge est tenu d'examiner tous les chefs de la demande qui lui sont soumis ;
- Le Juge statue au-delà des prétentions des parties ;
- Le Juge n'est pas tenu d'examiner les chefs de demande qui lui paraissent fantaisistes.

2 - Un jugement contradictoire est un jugement :

- Qui contient des contradictions ;
- Où les parties ont été régulièrement entendues ou appelées ;

- Les parties ont comparu en personne ou par mandataire ;
- Où les parties ont conclu.

3 - La Chambre du conseil est :

- Une audience qui se tient en présence du public ;
- Une audience qui se tient hors de la présence du public ;
- Une Chambre où le Juge reçoit des conseils ;
- Une Chambre où le Juge donne des conseils.

4 - Le délai d'appel en matière civile est :

- D'un mois ;
- De deux mois ;
- De 10 jours.

5 - L'appel produit :

- Un effet suspensif ;
- Un effet dévolutif.

6 - Une partie au procès peut-elle former une tierce opposition ?

- Oui ;
- Non.

7 - Le délai franc est un délai dans lequel :

- Le jour de l'acte et le jour de l'échéance sont pris en compte ;
- Le jour de l'acte et le jour de l'échéance ne sont pas pris en compte.

8 - Quels sont les éléments qui caractérisent l'état des personnes ?

9 - Citez les conditions d'existence et de validité du contrat ainsi que les vices de consentement.

10 - Abdoulaye DIALLO, élève âgé de 15 ans, vend sa bicyclette neuve à Ibrahima BAH, mécanicien à Domino (Commune de Matam), moyennant le prix de cinquante mille (50.000) francs guinéens.

Cette vente est-elle valable ? Motivez votre réponse.

11 - Citez les différents cas de responsabilité civile.

12 - Le citoyen Sidiki TOURE, demeurant au Quartier Koulewondy (Commune de Kaloum), élève un chien qui s'est échappé de sa cage dans la matinée du 31 mai 2006. Le même jour ce chien a mordu deux fillettes à coté de l'école primaire du Centre.

Indiquez le cas de responsabilité civile qui se pose.

C - En Droit des Affaires :

1 - La saisie attribution met en cause trois personnes : Le créancier, le débiteur et le ....

2 - Citez les Etats membres de l'OHADA.

3 - Enumérez les différents Actes Uniformes adoptés de l'OHADA.

4 - Citez deux sûretés réelles et deux sûretés personnelles prévues par l'Acte Uniforme portant organisation des sûretés.

5 - Quelles sont les procédures simplifiées de recouvrement prévues dans le Code de l'OHADA ?

6 - Quelles sont les conditions requises pour introduire une requête aux fins d'injonction de payer ?

Les candidats ayant obtenu la moyenne de 10/20 ont été déclarés admissibles aux épreuves orales. Celles-ci consistaient en un exposé sur un sujet de Droit public ou de Droit privé noté sur 10 et un exposé sur une question de culture générale notée sur 10 également.

Ont été déclarés définitivement admis, dans la limite des places ouvertes au concours, et selon le rang occupé, les candidats ayant obtenu, sur l'ensemble des épreuves écrite et orale, une moyenne au moins égale à 10/20.

Les trente candidats admis le 29 septembre 2006 furent par ordre de mérite : SYLLA Alpha Saïdou DIALLO Mamadou Dian Boro, CONTE Abdoulaye, DIALLO Amadou Oury, CAMARA Alfred, BARRY Amadou Saïkou, TOUNKARA Ibrahima Sory I, CONDE Sékouba, BAH Boubacar Hafia, CAMARA Aboubacar Maféring, DOUMBOUYA Fallou, NDIAYE Cheick Ahmed Tidiane, TOUNKARA Ibrahima Sory II, DIALLO Algassimou, TOURE Aly, CAMARA Sidiki, CAMARA Alhassane Naby, SYLLA N'Faly, BALDE Mamoudou Lébéré, CAMARA Alhassane Mabinty, SANKHON Ousmane, CAMARA Kanfory Ibrahima, SOUMAORO Sékou, DIALLO Mamoudou Fodé, DIALLO Saïfoulaye (qui allait décéder quelques mois après, puis remplacé par Félix Goumou Nougo venu en ex æquo avec un autre candidat dont un test devait départager), DIALLO Mohamed Lamine I, KABA Amiata, BALDE Amadou Kindy, BAH Aïssatou Siradio et TRAORE Sophie (qui allait démissionner pour être remplacée par BOIRO Mariama).

Par cette option engagée par le Département de la Justice, le concours est le plus fort garant de l'égalité d'accès au Corps judiciaire, de son unité et de son indépendance, permettant de substituer une Magistrature d'élite à une Magistrature de « notables ».

La capacité ainsi acquise par le Magistrat grâce à sa réussite à un concours et à une formation de haut niveau concourt à sa légitimité et donne l'espoir pour les générations futures.

Paragraphe 1 : La nomination

La nomination des Magistrats a toujours été un acte du Pouvoir Exécutif : Le Décret du Président de la République. C'est ce que reprend l'article 2 de la Loi Organique L/91/011/CTRN du 23 décembre 1991 qui dispose que « Les Magistrats sont nommés par Décret du Président de la République, sur proposition du Ministre de la Justice, Garde des Sceaux après avis du Conseil Supérieur de la Magistrature ».

Le souci du Législateur est d'empêcher le Pouvoir Exécutif d'avoir exclusivement entre ses mains la situation des Magistrats en mettant en place une Institution autonome, le Conseil Supérieur de la Magistrature qui devrait être un écran entre le Pouvoir Exécutif et les Magistrats.

Le Conseil Supérieur de la Magistrature devrait donc pleinement participer à la nomination des Magistrats.

Pour la nomination du Premier Président de la Cour Suprême, l'article 9 de la Loi Organique n° 91/08/CTRN du 23 décembre 1991, tout en indiquant que les membres de la Cour Suprême sont nommés par Décret du Président de la République fixe le cadre dans lequel ces Magistrats sont choisis. Il dispose, en effet que
« Les membres de la Cour Suprême sont nommés par Décret.
Le Premier Président est choisi parmi les Présidents de Chambre, le Premier Avocat Général, le Premier Président de la Cour d'Appel et le Procureur Général près la Cour d'Appel.
Les Présidents de Chambre sont choisis parmi le Premier Avocat Général, les Conseillers, les Avocats Généraux, le Premier Président de la Cour d Appel et le Procureur Général près la Cour d'Appel. Un Président de Chambre peut être nommé Premier Avocat Général sur sa demande.
Les Conseillers sont choisis parmi les Magistrats ayant quinze ans d'ancienneté, les Avocats et Professeurs titulaires des Facultés de Droit ayant dix ans d'exercice de leur profession et les fonctionnaires de la hiérarchie A comptant vingt années de service public et titulaires d'une Maîtrise en Droit ou d'un Diplôme admis en équivalence de la Maîtrise en Droit.

Le Procureur Général est choisi parmi le Premier Avocat Général, les Présidents de Chambre, les Conseillers, les Avocats Généraux, le Premier Président de la Cour d'Appel et le Procureur Général près la Cour d'Appel.
Le Premier Président peut être nommé Procureur Général sur sa demande. Le Procureur Général peut être nommé Premier Président.
Le Premier Avocat Général est choisi parmi les Conseillers, les Avocats Généraux, le Premier Président de la Cour d'Appel et le Procureur Général près la Cour d'Appel.
Les Auditeurs sont choisis par voie de concours, dont les modalités sont fixées par Décret, parmi les Magistrats des Cours et Tribunaux du deuxième groupe du deuxième grade, titulaires d'une Maîtrise en Droit ou d'un Diplôme admis en équivalence de la Maîtrise en Droit.
Les Magistrats référendaires sont des Magistrats des Cours et Tribunaux affectés à la Chambre des Comptes de la Cour Suprême. Pendant la durée de leur affectation ils accèdent aux divers emplois de leur grade et peuvent bénéficier de l'avancement dans les conditions fixées par le Statut de la Magistrature pour les Magistrats du Siège. En matière d'avancement, le temps de service en position d'affectation en qualité de Magistrats référendaires est pris en compte pour la totalité de sa durée ».

L'article 10 de la même Loi précise, en ce qui concerne le Premier Président de la Cour Suprême, que celui-ci est nommé par le Président de la République, après avis du Président de l'Assemblée Nationale.

Paragraphe 2 : Le serment

Le serment est un acte solennel par lequel une personne s'engage devant la Justice de remplir au mieux sa mission. C'est le socle symbolique de l'éthique et de la déontologie professionnelle.

Le serment du Magistrat, par sa solennité, intègre toutes les valeurs fondamentales de la profession.

Il a pour fondement le sacré. C'est une sorte d'appel solennel au sacré.

Deux cas doivent être examinés dans ce paragraphe. Il s'agit, d'une part, de la prestation de serment par les Auditeurs de Justice, et d'autre part, celle faite par les Magistrats.

A- Les Auditeurs de Justice :

Les candidats inscrits à l'Ecole de Magistrature reçoivent le titre d'Auditeur de Justice.

L'Ecole Nationale de la Magistrature n'étant pas créée à nos jours, les Auditeurs de Justice suivent actuellement des cours au Centre de Formation et de Documentation Judiciaires du Ministère de la Justice et des Droits de l'Homme.

Au regard des dispositions de la Loi Organique L/91/011/CTRN du 23 décembre 1991 portant Statut de la Magistrature et du Décret D/2005/010/PRG/SGG du 1er mars 2005 portant application de la Loi Organique sur le Statut de la Magistrature, les Auditeurs de Justice appartiennent au Deuxième groupe du Second grade.

A cet égard, les Auditeurs de Justice perçoivent une indemnité et bénéficient des congés payés.

Au point de vue professionnel, les Auditeurs de Justice sont assimilés à des Magistrats car :

- Ils bénéficient des mêmes immunités ;
- Ils sont soumis aux mêmes obligations et aux mêmes incompatibilités ;
- Le droit de grève leur est interdit ;
- Ils sont tenus au secret professionnel.

Préalablement à toute activité, ils prêtent serment devant la Cour d'Appel, en ces termes :

« Je jure de garder scrupuleusement le secret professionnel et de me conduire en digne et loyal Auditeur de Justice».

Ils ne peuvent, en aucun cas, être relevés de ce serment.

Les Auditeurs de Justice participent sous la responsabilité des Magistrats, à l'activité juridictionnelle, sans pouvoir toutefois recevoir délégation de signature.

Ils peuvent notamment :

- Assister le Juge d'Instruction dans tous les actes d'information ;
- Assister les Magistrats du Ministère public dans l'exercice de l'action publique ;
- Siéger en surnombre et participer avec voix consultative aux délibérés des juridictions civiles, économiques et correctionnelles ;
- Présenter oralement devant celles-ci des réquisitions ou des conclusions ;
- Assister aux délibérés des Cours d'Assises.

Toutefois, tout manquement d'un Auditeur de Justice aux devoirs de son état peut donner lieu à l'une des sanctions disciplinaires (blâme, réprimande avec inscription au dossier, etc.) et toute violation du secret professionnel peut faire l'objet de poursuites pénales.

Comme les Magistrats, les Auditeurs de Justice sont protégés contre les menaces, ou attaques de quelque nature que ce soit dont ils peuvent être l'objet.

B- La prestation de serment par les Magistrats :

Avant son installation dans les fonctions où il vient d'être nommé, le Magistrat prête serment. Ce serment ne se confond pas avec celui qu'il a prêté en tant qu'Auditeur de Justice.

Cette formalité est obligatoire : Tout acte judiciaire accompli par un Magistrat qui n'aurait pas préalablement prêté serment serait entaché de nullité.

Les termes du serment du Magistrat sont :

« Je jure de bien et loyalement remplir mes fonctions de Magistrat, de rendre impartialement la Justice, de garder scrupuleusement le secret des délibérations et des votes et d'observer en tout, la réserve, l'honneur et la dignité que ces fonctions imposent ».

Le serment est prêté, en audience solennelle, lors de la nomination en qualité de membre d'une juridiction d'instance.

Il est reçu par la Cour d'Appel pour les Magistrats de la première Instance et la Cour Suprême pour les Magistrats de la Cour d'Appel.

Si le serment est prêté par écrit, il en sera donné acte par la Cour d'Appel ou la Cour Suprême et le procès-verbal sera inscrit sur un registre spécial.

Lorsque le serment est prêté de vive voix, le procès-verbal sera dressé et inscrit sur ledit registre qui sera, dans tous les cas, signé par tous les Magistrats qui auront reçu le serment.

Une expédition du procès-verbal du serment sera classée au Greffe de la juridiction où le Magistrat concerné exerce ses fonctions.

Le Magistrat ne peut, en aucun cas, être relevé de ce serment.

En ce qui concerne le serment du Premier Président de la Cour Suprême, celui-ci est prêté devant la Nation représentée par le Président de la République et le Président de l'Assemblée Nationale.

Le Premier Président de la Cour Suprême prête serment en ces termes : « Je jure de bien et fidèlement remplir ma fonction, de l'exercer en toute impartialité, dans le respect de la Loi Fondamentale, de garder le secret des délibérations et des votes, de ne prendre aucune position publique et de ne donner aucune consultation à titre privé sur les questions relevant de la compétence de la Cour Suprême et de me conduire en tout comme un digne et loyal Magistrat ».

Acte est donné de la prestation de serment. Avant d'entrer en fonction, tout membre de la Cour Suprême prête le même serment en audience solennelle publique devant le Premier Président de la Cour Suprême.

Paragraphe 3 : Le costume et la carte professionnelle

A- La robe du Magistrat :

Aux termes de l'article 58 du Statut de la Magistrature, « Les Magistrats portent obligatoirement au cours des audiences un costume dont la nature et tous autres signes distinctifs sont, à chaque niveau de juridiction, fixés par Décret »[5].

Aux audiences ordinaires, les Magistrats portent la robe noire à grandes manches, simarre de soie noire, avec rabat blanc plissé qui est un morceau d'étoffe plissée et blanche porté au cou.

L'épitoge bordée de fourrure blanche qui est une bande d'étoffe distinctive est portée sur l'épaule par les Magistrats et les Avocats en robe.

Des ceintures de soie bleu clair avec franges existent mais ne sont plus portées par les Magistrats.

Il en est de même du port de la toque de laine noire avec un galon d'argent ou des gants blancs qui ne sont jamais portés lors d'une audience ordinaire. Ils peuvent l'être lors d'une audience solennelle.

Ce qui est d'ailleurs très rare sinon que lors des audiences solennelles de la Cour d'Assises ou de la rentrée judiciaire. Ce port est assez fréquent au niveau de la Cour Suprême.

---

5 *Pour le costume des Magistrats de la Cour Suprême voir les Décrets D/93/138 du 4 août 1993 portant détermination des costumes d'audience des Magistrats de la Cour Suprême, du Greffier en Chef et des Auditeurs près ladite Cour, d'une part et le Décret D/93/230 du 8 décembre 1993 portant modification du Décret D/93/138 du 4 août 1993, portant détermination des costumes d'audience des Magistrats de la Cour Suprême, d'autre part.*

Pourquoi la robe est noire ? Parce que le noir est une couleur qui sous-entend l'idée de mystère imposant ainsi à la fois l'autorité du Juge, le sérieux des débats, la responsabilité du Juge et le respect que les citoyens doivent à la Justice. Le noir est symbole de fermeté. Cette couleur a un impact psychologique certain sur les plaideurs qui ont d'ailleurs l'obligation d'ôter leurs coiffures avant d'entrer dans une salle d'audience.

Pourquoi la robe est rouge ? Couleur réservée à l'élite (en particulier la pourpre), autrefois, il fallait être Prince ou en avoir l'autorisation de se vêtir de pourpre sous peine de mort. « Le rouge devint la couleur représentative des rois, des chefs et dignitaires notamment dans l'armée, l'Église, la Justice... et le symbole du pouvoir, de la dignité, du mérite, de l'apparat... »

Le rouge est la couleur de la puissance, du pouvoir et de l'honneur. Les exemples sont là avec ces tapis rouges étalés pour les Rois, Princes ou Chefs d'Etats.

Aux audiences solennelles, pendant les Assises, les Magistrats des Cours d'Appel portent la robe rouge, symbole de souveraineté. Une distinction est faite entre ces robes : Certains Magistrats, Premier Président, Président de Chambre, Procureur Général, Avocat Général portent l'hermine. Le port de l'hermine a une signification car ce petit animal symbolique est censé préférer la mort à la souillure.

Dans des Régions, comme Kankan ou Koundara, porter un habit lourd sous l'épaisse robe noire ou rouge tient du supplice par suffocation !

Toutefois, de nombreux Juges exercent leurs fonctions en costume de ville. Ainsi, par exemple, le Juge de l'Application des Peines ou le Juge d'Instruction.

Le port de la robe est un symbole d'uniformité et d'égalité. La robe est, à la fois signe d'intemporalité et d'universalité. C'est la raison pour laquelle elle doit être préservée de toute souillure par une mauvaise décision judiciaire, une injustice délibérée. La robe doit représenter tout ce qui est plus cher, de plus pur, au-delà de son caractère mythique pour les plaideurs.

B- La carte professionnelle :

Afin de justifier de leur qualité professionnelle, de faciliter l'exercice de leurs fonctions et l'accès aux différents lieux publics, les Magistrats vont pouvoir bénéficier de l'attribution d'une carte professionnelle.

Les Magistrats en fonction dans un emploi judiciaire doivent être munis d'une carte professionnelle dont le modèle et les conditions de délivrance, d'usage et de retrait seront définis par Arrêté du Ministre de la Justice qui n'est pas encore pris.

La carte professionnelle actuellement utilisée est conforme aux exigences habituelles pour la délivrance de documents d'identité officiels : Photographie récente, en couleur généralement, de face, tête nue, etc.

Section 2 : La carrière des Magistrats

Les Magistrats guinéens ont, pour la plupart, débuté leur carrière professionnelle dès leur sortie de l'Institut Polytechnique « Gamal Abdel Nasser » de Conakry (Ancien Poly) et sont appelés à exercer dans les différents degrés de juridiction jusqu'à leur retraite.

Les Magistrats guinéens n'ont obtenu leur Statut que le 23 décembre 1991 !

Ce texte d'une portée juridique fondamentale a été institué par le Législateur guinéen pour protéger les Magistrats contre les pressions de l'Exécutif et les menaces des justiciables.

A travers ce texte, le Législateur pose le principe de l'inamovibilité des Magistrats du Siège et prévoit certaines garanties de carrière concernant l'ensemble du Corps judiciaire, Magistrats du Siège et ceux du Parquet.

Toutefois, quelque soit la beauté d'un texte, si son application intégrale n'est pas respectée par toutes les parties, il restera un leurre.

L'Etat a le devoir de garantir l'impartialité du déroulement de la carrière du Magistrat. Garantir l'impartialité de la carrière du Magistrat, c'est garantir l'impartialité du Magistrat lui-même.

Le Magistrat doit avoir le courage d'affirmer son indépendance en ne songeant pas à plaire au Gouvernement pour rendre en sa faveur des décisions dictées ou voulues. Autrement dit, en fait d'indépendance ce sera la dépendance.

De cette garantie de la carrière du Magistrat dépend étroitement la crédibilité de la Justice car ne l'oublions jamais, tout Magistrat qui a peur pour sa place n'est plus un Magistrat mais une marionnette.

Paragraphe 1 : Les positions

Tout Magistrat est placé dans l'une des positions suivantes :

- En activité ;
- En service détaché ;
- En disponibilité ;
- Hors cadre.

Les dispositions du Statut Général de la Fonction publique concernant les positions ci-dessus énumérées s'appliquent aux Magistrats dans la mesure où elles ne sont pas contraires aux règles du Statut de la Magistrature.

A- En activité :

L'activité est la position du fonctionnaire qui exerce effectivement les fonctions de l'un des emplois correspondants à son grade. Elle est constatée par une affectation (Article 42 de la Loi L/2001/028 AN du 31 décembre 2001 adoptant et promulguant la Loi portant Statut Général des fonctionnaires).

B - Le détachement :

Aux termes des dispositions de l'article 53 de la Loi L/2001 /028/AN du 31 décembre 2001adoptant et promulguant la Loi portant Statut Général des fonctionnaires, « Le détachement est la position du fonctionnaire autorisé à suspendre son Service temporairement et dans l'intérêt public, pour exercer un mandat public ou occuper un emploi non prévu par les administrations de l'Etat ».

C'est donc spécifiquement la position du Magistrat placé hors de son Corps d'origine mais continuant à bénéficier de ses droits à l'avancement et à la retraite.

Le Statut Général des Fonctionnaires s'applique aux Magistrats sauf pour les dispositions contraires au Statut spécial de la Magistrature, précise l'article 3 de la Loi L/2001/028/AN du 31 décembre 2001.

Deux conditions concernent la mise en oeuvre du détachement : Les conditions de fond et les conditions de forme.

Pour les conditions de fond, le fonctionnaire ne peut être placé en position de détachement qu'auprès de l'un des Établissements ou organismes ci-après :

- Collectivités décentralisées ;
- Etablissements publics ;
- Sociétés d'Etat ;
- Projets publics ;
- Institutions internationales ;
- Organisations Non Gouvernementales reconnues d'utilité publique ;
- Institutions Républicaines ;
- Sociétés privées d'intérêt public stratégique.

Le détachement est accordé d'office au fonctionnaire appelé à exercer une fonction publique élective incompatible avec l'occupation normale de l'emploi.

Dans les autres cas, le détachement ne peut être accordé que sur demande du fonctionnaire et/ou de l'organisme de détachement après avis favorable du Chef de l'Administration d'origine, le Ministre de la Justice, pour les Magistrats.

Pour les conditions de forme, la mise en détachement est prononcée par Arrêté du Ministre chargé de la Fonction Publique.

Le fonctionnaire ne peut être placé en position de détachement que s'il compte au moins cinq ans d'ancienneté dans la Fonction Publique, sauf s'il s'agit d'un détachement auprès d'une Institution Internationale ou pour l'exercice d'une fonction publique élective.

Sauf exception, la durée d'une période de détachement ne peut être inférieure à un an. Elle peut être renouvelée, sans que la durée totale des détachements en cours de carrière ne puisse excéder dix ans.

La durée du détachement pour l'exercice d'une fonction publique élective n'est pas limitative. Elle n'est pas prise en compte dans la durée totale des détachements en cours de carrière.

La position de détachement est suspensive des droits à rémunération.

Toutefois, le fonctionnaire placé en position de détachement conserve ses droits à l'avancement et à l'ancienneté

Trois mois au moins avant l'expiration de la période de détachement, le fonctionnaire doit en solliciter le renouvellement ou demander sa réintégration. Dans ce dernier cas, le fonctionnaire est réintégré de droit et réaffecté, dans un emploi vacant correspondant à sa hiérarchie et à son grade.

La mise en détachement est prononcée par arrêté du Ministre chargé de la Fonction Publique (Voir Loi L/2001/028/AN du 31 décembre 2001adoptant et promulguant la Loi portant Statut Général des Fonctionnaires).

En cas de promotion de grade ou de nomination à un poste placé hors hiérarchie d'un Magistrat en position de détachement, il est mis fin d'office à ce détachement.

Toutefois, cette règle ne peut être opposée aux Magistrats mis à la disposition d'un Département ministériel ou de tout autre organisme pour exercer des fonctions juridiques. Les services assurés en cette qualité sont considérés comme des services effectifs, accomplis dans le cadre d'origine.

Le nombre total des Magistrats placés en position de détachement ne peut dépasser 10% de l'effectif du Corps judiciaire (Voir Loi Organique sur le Statut de la Magistrature).

A l'heure actuelle, les Magistrats « hors les murs » sont moins nombreux

Le seul problème est celui de leur retour « à la maison » après qu'ils aient travaille des années durant au sein d'autres administrations, dans des entreprises publiques ou privées ou dans la sphère internationale. On se poserait la question de savoir s'il n'ont pas « perdu la main » après ces longues années en dehors des juridictions ?

Pour le Professeur Maurice Zogbélémou TOGBA ou Mme Paulette KOUROUMA, il faut une remise à niveau nécessaire au Centre de Formation et de Documentation Judiciaires avant la reprise des activités juridictionnelles. Cette option n'est nullement une sous-estimation des capacités des cadres car, il est évident, surtout pour ceux qui ont été au niveau d'Institutions internationales, c'est une source d'ouverture et un moyen de diversification pour le Corps de la Magistrature. Ils apportent toujours le plus nécessaire à la Magistrature.

Ce qui est évident aussi, c'est de constater que la motivation principale des Magistrats pour solliciter un détachement réside dans le souci d'enrichir leur expérience professionnelle en découvrant d'autres milieux professionnels et plus encore pour acquérir une nouvelle culture juridique, sociale, culturelle ou administrative.

C'est véritablement un moyen de diversifier leur expérience professionnelle, d'ouverture sur le monde extérieur, de travailler dans des équipes pluridisciplinaires.

Ne l'oublions jamais, la Magistrature est une option, c'est une passion ; même « hors des murs » on pense à elle. Donc il n'est pas question de « mourir » ailleurs en dehors d'elle ce qui permettra au Magistrat revenu de faire fructifier l'expérience acquise.

C - En disponibilité :

La disponibilité est la position du fonctionnaire autorisé, pour un motif d'intérêt personnel, à suspendre temporairement ses activités de Service (Article 64 de la Loi L/2001/028/AN du 31 décembre 2001adoptant et promulguant la Loi portant Statut Général des Fonctionnaires).

C'est donc la position du Magistrat qui, placé hors de son Service d'origine, cesse de bénéficier, dans cette position, de ses droits à l'avancement et à la retraite.

Le Statut de la Magistrature est muet sur la durée minimum de services effectifs exigée pour qu'un Magistrat soit placé en disponibilité.

« La mise en disponibilité est prononcée par Arrêté du Ministre chargé de la Fonction Publique, sur demande motivée de l'intéressé et après avis favorable des autorités hiérarchiques. Elle ne peut intervenir qu'après que le fonctionnaire intéressé ait réuni au moins trois années de Service.

Ses droits à rémunération et à l'avancement sont suspendus et la durée de la disponibilité n'est pas prise en compte pour le calcul des droits à pension de retraite.

La mise en disponibilité ne peut intervenir que pour des raisons ci-après :

- Soit pour poursuivre des études ou effectuer des recherches présentant un intérêt général et, dans ce cas, sa durée ne peut être inférieure à une année, ni supérieure à deux années ;
- Soit pour se rapprocher du conjoint en un lieu éloigné, si une affectation ne peut permettre ce rapprochement et, dans ce cas, sa durée ne peut être inférieure à six mois, ni supérieure à trois années. Cette limitation ne s'applique pas au conjoint du personnel des missions diplomatiques et assimilés ;
- Soit en cas d'accident ou de maladie grave du conjoint ou d'un enfant et, dans ce cas, sa durée ne peut être inférieure à six mois ni supérieure à trois années ;
- Soit après épuisement des droits à congé de maladie, si aucun droit à pension d'invalidité n'est constaté et, dans ce cas, sa durée ne peut être inférieure à six mois ni supérieure à deux années en tant qu'employé......... ;

» Tout fonctionnaire placé en disponibilité doit, trois mois avant l'échéance de la période considérée, solliciter la prolongation de cette position ou sa réintégration, dans ce dernier cas, il est réintégré de droit dans un emploi vacant correspondant à sa hiérarchie et à son grade

Les durées maximales mentionnées à l'article précédent peuvent être prolongées de deux années sans que la durée totale des périodes de disponibilité cumulées au cours de la carrière ne puisse excéder cinq années.

Au delà de cinq années passées en position de disponibilité, le fonctionnaire est d'office radié des effectifs de la Fonction Publique » (Article 65 à 69 de la Loi L/2001/028/AN du 31 décembre 2001 adoptant et promulguant la Loi portant Statut Général des Fonctionnaires)

Le Magistrat en disponibilité ou qui demande à être placé dans cette position doit, lorsqu'il se propose d'exercer une activité privée, en informer préalablement le Ministre de la Justice.

Celui-ci peut s'opposer à l'exercice de cette activité lorsqu'il estime qu'elle est contraire à l'honneur ou à la probité, ou que, par sa nature ou ses conditions d'exercice, cette activité compromettrait le fonctionnement normal de la Justice ou porterait le discrédit sur les fonctions de Magistrat.

En cas de violation de cette interdiction, le Magistrat mis en disponibilité est passible de sanctions disciplinaires.

A l'expiration de la période de disponibilité et après avoir été, dans le cas de disponibilité d'office, reconnu apte à reprendre le Service, le Magistrat est réintégré dans un emploi de son grade.

S'il n'est pas reconnu apte, il est admis à cesser ses fonctions, et s'il y a lieu, à faire valoir ses droits à la retraite.

La mise en position de détachement ou de disponibilité et la réintégration consécutive sont prononcées par Décret.

D - Hors cadre :

Ce sont les articles 60 à 63 de la Loi L/2001/028/AN du 31 décembre 2001adoptant et promulguant la Loi portant Statut Général des Fonctionnaires qui traitent de la position hors cadre applicable aux Magistrats.

La position hors cadre est celle du fonctionnaire qui, placé en détachement, désire être maintenu dans son affectation au-delà des délais prévus par le présent Statut, ou qui souhaite poursuivre ses activités dans une entreprise d'intérêt national, n'entrant pas dans la classification des établissements ou organismes énumérés à l'article 54 de la Loi L/2001/028/AN du 31 décembre 2001.

La position hors cadre est suspensive des droits à rémunération, à avancement et à ancienneté.

La mise en position hors cadre est prononcée pour une période minimale de deux années renouvelables sans que le cumul des périodes de détachement et de hors cadre ne puisse excéder une durée totale de quinze années sur l'ensemble de la carrière.

Au de-là de quinze années passées en position de détachement et hors cadre, le fonctionnaire est radié des effectifs de la Fonction Publique.

Tout fonctionnaire placé en position hors cadre doit, trois mois avant l'échéance de la période considérée, solliciter la prolongation de celle position ou sa réintégration.

La mise en position hors cadre est prononcée par Arrêté du Ministre chargé de la Fonction Publique.

Paragraphe 2: Le Tableau d'avancement

Ce sont les articles 48 et 49 du Statut de la Magistrature qui traitent de la question.

Ils disposent en effet que « Nul Magistrat ne peut être nommé au grade supérieur s'il n'est inscrit au Tableau d'avancement.
Nul Magistrat ne peut être inscrit au Tableau d'avancement s'il n'a passé au moins deux années entières à l'échelon qui est le sien ».

« Le Tableau d'avancement est une liste de Magistrats pour lesquels un avancement sera proposé, au fur et à mesure et dans la limite des places qui se libéreront ou qui seront créées. L'inscription sur la liste est définitive, sauf radiation décidée à titre disciplinaire.
Le Tableau d'avancement est mis à jour annuellement par le Conseil Supérieur de la Magistrature et approuvé par Arrêté du Ministre de la Justice.
L'avancement d'échelon se fait par Arrêté du Ministre de la Justice.
L'avancement au grade supérieur se fait par Décret ».

L'avancement est l'acte constatant une progression dans la carrière du Magistrat. Il comprend l'avancement d'échelon et l'avancement de grade.

L'avancement d'échelon consiste en l'accession à un échelon supérieur au sein d'un même grade.

L'avancement d'échelon s'effectue annuellement, en fonction de la note obtenue.

Il est d'un ou de plusieurs échelons au sein du grade.

L'avancement de grade s'effectue de façon continue, d'un grade au grade immédiatement supérieur, à l'intérieur d'une même hiérarchie.

Les mouvements d'avancement de grade sont annuels : L'avancement de grade ne peut avoir lieu qu'au profit du Magistrat qui est inscrit au Tableau d'avancement.

L'avancement de grade peut, en outre, être conditionné par le suivi d'une formation professionnelle (Voir Loi L/2001/028/AN du 31 décembre 2001 adoptant et promulguant la Loi portant Statut Général des Fonctionnaires).

Depuis que la Loi Organique de 1991 a prévu le Tableau d'avancement pour les Magistrats, celui-ci n'est pas encore en vigueur.

En fait, le Tableau d'avancement comporte la liste alphabétique des Magistrats jugés dignes d'obtenir un avancement.

Or, au regard des dispositions des articles 50 à 53 de la Loi Organique L/91/011/CTRN du 23 décembre 1991, « Chaque année, avant le 1er juillet, le Premier Président et le Procureur Général de chaque Cour d'Appel adressent, chacun en ce qui le concerne au Ministre de la Justice, pour chaque Magistrat de leur ressort, une feuille de notation établie après consultation des Chefs des juridictions intéressées.

Pour les Juges de paix l'avis préalable du Procureur Général est obligatoire.

La feuille de notation évalue le Magistrat sur ses connaissances juridiques et sur sa valeur professionnelle ; elle est accompagnée d'un rapport évaluant la qualité du travail accompli. Ce rapport est obligatoirement communiqué à l'intéressé, qui atteste de cette communication et peut faire connaître par écrit ses réserves.

Le rapport et les réserves éventuels du Magistrat sont joints à la feuille de notation.

Après avoir pris connaissance de tous les rapports et avant le 30 septembre, le Ministre de la Justice, après consultation du Directeur National des Affaires Judiciaires, propose au Conseil Supérieur de la Magistrature la liste des nouveaux Magistrats à inscrire au tableau d'avancement. A cette liste sont joints tous les rapports d'évaluation des Magistrats.

Le Conseil Supérieur de la Magistrature, au vu des rapports, peut demander au Ministre les raisons pour lesquelles tel Magistrat n'a pas été proposé à l'avancement. La réponse du Ministre est jointe au dossier de l'intéressé et, sur sa demande est communiquée à celui-ci.

Avant le 30 octobre le Conseil Supérieur de la Magistrature communique au Ministre de la Justice la liste des nouveaux Magistrats qu'il a inscrits au tableau d'avancement ; si la liste contient des Magistrats qui n'avaient pas été proposés à l'avancement par le Ministre, le Conseil fait tenir par écrit les raisons de son choix.

L'Arrêté du Ministre de la Justice doit intervenir dans les 30 jours de la communication de la liste établie par le Conseil Supérieur de la Magistrature. Il ne peut modifier cette liste. Elle est publiée au Journal Officiel de la République ».

Paragraphe 3 : La notation

La notation porte sur les mérites du Magistrat, sur son aptitude à exercer des fonctions juridictionnelles, sur ses aptitudes professionnelles juridiques et techniques, sur ses aptitudes à l'organisation, à l'animation et son engagement professionnel.

La note est déterminée exclusivement par la qualité du travail fourni et la façon de servir.

Elle détermine pour le Magistrat ses droits à l'avancement.

A- Principes de la notation :

La feuille de notation évalue le Magistrat sur ses connaissances juridiques et sur sa valeur professionnelle. Elle est accompagnée d'un rapport évaluant la qualité du travail accompli.

L'autorité de notation doit tenir compte des critères suivants :

- Les aptitudes du Magistrat à l'exercice des fonctions juridictionnelles : Etendue des connaissances, précision des connaissances, sens de l'application du Droit, qualité de l'expression écrite et orale, culture générale, connaissance de la vie administrative, etc. ;

- La manière de servir : Efficacité, relations humaines dans le travail, sens du Service public et disponibilité, puissance de travail, capacité d'organisation, relations publiques, etc.

Ce rapport est obligatoirement communiqué à l'intéressé, lequel atteste de cette communication et peut faire connaître par écrit ses réserves.

Le rapport et les réserves éventuels du Magistrat sont joints à la feuille de notation.

Après communication à l'intéressé, cette feuille de notation est adressée, chaque année, avant le 1er juillet au Ministre de la Justice.

B- Autorité de notation :

La feuille de notation est établie chaque année :

- Pour chaque Magistrat du Siège de son ressort, par le Premier Président de la Cour d'Appel ;

- Pour chaque Magistrat du Parquet de son ressort, par le Procureur Général près la Cour d'Appel.

C- Mentions de la notation :

Au regard des dispositions de la Loi L/2001/028/AN du 31 décembre 2001 adoptant et promulguant la Loi portant Statut Général des Fonctionnaires, « la notation s'exprime par l'une des mentions suivantes :

- Très Bon ;
- Bon ;
- Passable ;
- Médiocre.

- La mention Excellent est réservée aux fonctionnaires ayant démontré des qualités exceptionnelles et dignes d'être citées en exemple.
- La mention « Très Bon » est attribuée aux fonctionnaires dont la qualité des prestations est au-dessus de la moyenne ;
- La mention « Bon » correspond à un niveau de prestation normale ;
- La mention Passable correspond à un niveau de prestation acceptable ;
- La mention Médiocre suppose un niveau de prestation insuffisant.

L'attribution de la mention Médiocre lors de deux notations consécutives ou à trois occasions dans une période de cinq ans peut provoquer, au besoin, l'inscription du fonctionnaire dans un programme de formation ou de perfectionnement. Si au terme de cette formation, le fonctionnaire est encore noté Médiocre, la procédure de licenciement est déclenchée contre lui.

Les sanctions disciplinaires infligées au cours de la période de référence ont pour effet de réduire d'office la note.

Une sanction disciplinaire du premier degré empêche l'attribution d'une mention supérieure à Bon.

Une sanction disciplinaire du deuxième degré entraîne l'attribution de la mention Médiocre.

La notation s'effectue à aide d'un bulletin de notation. Le contenu et la forme du bulletin de notation sont déterminés par Arrêté du Ministre chargé de la Fonction Publique.

Pour l'attribution des mentions supérieures à Bon, le Chef de l'Administration tient compte des péréquations précisées par Décret, sous peine de nullité des notes concernées.

Le pouvoir de notation appartient au Chef de l'administration dont relève le fonctionnaire.

Le Chef de l'Administration attribue la note en se basant sur la proposition du Chef de Service

La proposition de note ainsi que la note définitive sont potées à la connaissance du fonctionnaire ».

Section 3 : Les règles générales de protections des Magistrats

Paragraphe 1 : Les protections

Aux termes de l'article 17 du Statut de la Magistrature le Législateur guinéen pose les règles de protections des Magistrats lorsqu'il édicte le principe en disposant qu'« Indépendamment des règles édictées par le Code pénal et les Lois spéciales, les Magistrats sont protégés contre les menaces et attaques de quelque nature qu'elles soient, dont ils peuvent faire l'objet, dans l'exercice ou à l'occasion de leurs fonctions. L'Etat doit réparer le préjudice direct qui en résulte, dans tous les cas non prévus par la Législation.

Le Magistrat n'est responsable que de ses fautes personnelles ; celles se rattachant au service public de la Justice ne peuvent être engagées que contre l'Etat, qui peut exercer une action récursoire contre l'auteur ».[6]

---

[6] *Le Code pénal, auquel il est expressément fait référence, est applicable dans les cas suivants :*

- Outrage à Magistrat :

Article 235 : *L'outrage fait par écrit, parole, gestes, menaces ou envoi d'objets quelconques dans la même intention et visant un Magistrat ou un Juré dans l'exercice ou à l'occasion de l'exercice de ses fonctions, sera puni de 1 mois à 6 mois d'emprisonnement.*
Si l'outrage a eu lieu à l'audience d'une Cour ou d'un Tribunal, il sera puni d'un emprisonnement de 1 mois à 2 ans.
Lorsqu'un ou plusieurs Magistrats de l'ordre administratif ou judiciaire, lorsqu'un ou plusieurs Jurés auront reçu, dans l'exercice de leurs fonctions ou à l'occasion de cet exercice, quelque outrage par paroles, par écrit ou dessin non rendus publics tendant, dans ces divers cas, à inculper leur honneur ou leur délicatesse, celui qui leur aura adressé cet outrage sera puni d'un emprisonnement de 1 mois à 2 ans.
Si l'outrage par paroles a eu lieu à l'audience d'une Cour ou d'un Tribunal, l'emprisonnement sera de 2 à 5 ans.

Article 236 : *L'outrage fait par paroles, gestes, menaces, écrits ou dessins non rendus publics, ou encore par envoi d'objets quelconques dans la même intention, et visant tout officier ministériel ou agent dépositaire de la force publique ou tout citoyen chargé d'un ministère de service public, dans l'exercice ou à l'occasion de l'exercice de ses fonctions, sera puni d'un emprisonnement de 1 à 3 mois et d'une amende de 50.000 à 100.000 francs guinéens ou de l'une de ces deux peines seulement.*

- Violence à Magistrat :

Article 240 : *Sera puni d'un emprisonnement de 2 à 5 ans tout individu qui, même sans arme et sans qu'il en soit résulté de blessures, aura porté des coups sur la personne d'un Magistrat dans l'exercice de ses fonctions ou à l'occasion de cet exercice, ou commis toute autre violence ou voie de fait envers lui dans les mêmes circonstances.*
Le maximum de cette peine sera toujours prononcé si la voie de fait a eu lieu à l'audience d'une Cour ou d'un Tribunal.
Le coupable pourra en outre, dans les deux cas, être privé des droits mentionnés en l'article 37 du présent Code pendant 5 ans au moins et 10 ans au plus à compter du jour où il aura subi sa peine et être interdit de séjour.

L'Etat a l'obligation de veiller à ce que les Magistrats puissent s'acquitter de leurs fonctions professionnelles en toute liberté, sans faire l'objet de menaces ou d'intimidations.

Les Magistrats et leurs familles doivent être protégés physiquement par les autorités lorsque leur sécurité personnelle est menacée en raison de l'exercice de leurs fonctions.

Paragraphe 2 : Les incompatibilités

Les incompatibilités sont édictées par le Législateur guinéen pour mettre le Magistrat à l'abri de toute subordination extérieure et sauvegarder son l'impartialité.

Ces incompatibilités sont prévues aux articles 11 et suivants de la Loi Organique L/011/CTRN/91 du 23 décembre 1991 portant Statut de la Magistrature.

Les incompatibilités visent les activités professionnelles extérieures.

- ***Coups et blessures à Magistrat :***

Article 242 *: -Si les violences exercées contre les fonctionnaires et agents désignés aux articles 240 et 241 ont été la cause d'effusion de sang, blessures ou maladie, la peine sera l'emprisonnement de 3 à 10 ans.*
Si la mort s'en est suivie dans les quarante jours, le coupable sera puni de la réclusion criminelle à perpétuité.
Dans le cas où ces violences n'auraient pas causé d'effusion de sang, blessure ou maladie, les coups seront punis d'un emprisonnement de 5 à 10 ans, s'ils ont été portés avec préméditation ou guet-apens.
Si les coups ont été portés ou les blessures faites à un des fonctionnaires ou agents désignés aux articles 240 et 241 dans l'exercice ou à l'occasion de l'exercice de leurs fonctions avec intention de donner la mort, le coupable sera puni de mort.

La profession de Magistrat est incompatible avec :

a) - Toute autre activité professionnelle, ni dans la fonction publique, ni dans le secteur privé, comme salarié. Il ne peut pas davantage exercer une profession libérale ou commerciale.

Par « activité privée », il faut entendre l'exercice de toute profession, rémunérée ou non, à titre libéral ou salarié.

Cependant, précise la Loi, des dérogations individuelles peuvent être accordées aux Magistrats par décision du Ministre de la Justice pour enseigner ou pour exercer des fonctions ou des activités qui ne seraient pas de nature à porter atteinte à la dignité du Magistrat et à son indépendance.

A ce titre, de nombreux Magistrats participent aux enseignements dans les Universités guinéennes, dans les limites des devoirs de réserve.

Toutefois, les Magistrats peuvent sans autorisation préalable, se livrer à de travaux scientifiques, littéraires ou artistiques.

Il leur est interdit de traiter dans les journaux des sujets autres que ceux d'ordre professionnel.

b) - L'exercice d'un mandat électoral.

L'exercice d'un mandat à l'Assemblée Nationale, au Conseil Economique et Social ou à des mandats locaux est incompatible avec une fonction juridictionnelle. Ce principe est conforté par la Loi Organique L/91/012CTRN du 23 décembre 1991 portant Code Electoral, partie législative en son article L.130 qui dispose que : Sont inéligibles…. Les Magistrats des Cours et Tribunaux en position de Service ».

N'est pas un mandat électoral prohibé un mandat d'élu dans une organisation professionnelle, car il n'octroie pas une fonction publique.

c) - Interdiction d'être affecté à un Cabinet ministériel avant cinq ans au moins :

Aux termes de l'article 16 du Statut de la Magistrature, « Nul Magistrat ne peut être affecté à un Cabinet ministériel ni être placé en position de détachement s'il n'a accompli au moins cinq années de fonctions judiciaires effectives depuis son entrée dans la Magistrature».

Par « Cabinet ministériel », il faut entendre les différents postes composant le Cabinet tels qu'énoncés par chacun des Décrets fixant l'organisation et la composition de chaque Ministère.

Par « Exercice effectif de fonctions judiciaires », il faut entendre les fonctions exercées à titre de Magistrat du Parquet affecté à une juridiction, par opposition à des affectations au sein de l'Administration centrale de la Justice.

La durée de cinq années n'a pas à être continue ; elle peut résulter du cumul d'affectations interrompues, par exemple, par un stage de formation à l'étranger.[7]

Paragraphe 3 : Les incapacités

Un Magistrat ne peut exercer ses fonctions :

1 - Dans une juridiction où l'un de ses parents ou alliés, jusqu'au degré d'oncle et de neveu inclusivement, est déjà Magistrat sans une dispense du Conseil Supérieur de la Magistrature.

Il n'est accordé aucune dispense pour les juridictions composées de moins de quatre Magistrats.

2 - Nul Magistrat ne pourra connaître d'une affaire dans laquelle l'une des parties serait représentée par un Conseil ou un mandataire qui serait un parent ou allié jusqu'au degré d'oncle et de neveu inclusivement.

---

[7] *Daniel GAUTHIER, » Manuel de déontologie du Magistrat guinéen », Ministère de la Justice, p. 16*

3 - Aucun Magistrat ne peut sous peine de nullité des actes intervenus, se rendre acquéreur ou cessionnaire, soit par lui-même, soit par tierce personne, des droits litigieux qui sont de la compétence des juridictions dans le ressort desquelles il exerce ses fonctions, ou des biens, droits et créances dont il doit poursuivre ou autoriser la vente. Il ne pourra en outre ni prendre lesdits biens en louage ni les recevoir en nantissement.

4 - Un Magistrat ne peut procéder à un acte ne rentrant dans le cadre de ses fonctions lorsqu'il s'agit de ses propres intérêts ou de ceux de ses parents ou alliés :

Article 14, Statut de la Magistrature, « Nul Magistrat ne peut procéder à un acte de ses fonctions :

- Lorsqu'il s'agit de ses propres intérêts, de ceux de sa femme, de ses parents ou alliés en ligne directe ou en ligne collatérale, jusqu'au troisième degré inclusivement;
- Lorsqu'il s'agit d'une personne dont il est le représentant ou le mandataire ».

5 - Un Magistrat ne peut procéder à un acte rentrant dans le cadre de ses fonctions lorsqu'il s'agit d'une personne dont il est le représentant légal.

6 - Un Magistrat ne peut connaître d'un litige sur lequel il a des connaissances personnelles :

Article 18 du Statut de la Magistrature, « Les Magistrats doivent rendre impartialement la Justice, sans considération de personnes ni d'intérêts. Ils ne peuvent se prononcer dans la connaissance personnelle qu'ils peuvent avoir d'une affaire. Ils ne peuvent défendre ni verbalement, ni par écrit, même à titre de consultation, les causes autres que celles qui les concernent personnellement ».

7 - Lorsqu'un Magistrat estime que pour des raisons multiples il se trouve dans un cas de récusation prévu par la loi, il peut volontairement s'abstenir[8] de juger l'affaire soumise à son appréciation. Le Magistrat doit se faire remplacer par un autre Juge désigné par le Président de la juridiction à laquelle il appartient.

8 - Par la procédure de la récusation. Le développement est fait à la page 65.

9 - Le renvoi : Alors que la récusation vise un Magistrat déterminé, le renvoi, quant à lui touche la juridiction tout entière. En la matière, les règles de compétence ne sont pas respectées puisque la juridiction normalement compétente est dessaisie au profit d'une autre.

Il existe trois cas de renvoi, à savoir : Le renvoi pour suspicion légitime, le renvoi pour cause de récusation collective et le renvoi pour cause de sûreté publique.

- Le renvoi pour suspicion légitime :

La demande de renvoi pour suspicion légitime est assujettie aux mêmes conditions de recevabilité et de forme que la demande de récusation. La demande de dessaisissement est immédiatement communiquée par le Greffier au Président de la juridiction.

Trois cas peuvent se poser :

a) - Si le Président estime que l'affaire doit être renvoyée à une autre juridiction, il transmet le dossier au Président de la juridiction immédiatement supérieure qui désigne la juridiction de renvoi. Copie de la décision est adressée par le Greffier aux parties ;

b) - Si le Président s'oppose à la demande, il transmet l'affaire, avec les motifs de son refus, au Président de la juridiction immédiatement supérieure. Cette juridiction statue, dans les huit jours, en Chambre du Conseil, le Ministère public entendu, et sans qu'il soit nécessaire d'appeler les parties. Copie de la décision est

---

[8] *Devant la juridiction administrative, on parle de « déport ».*

adressée par le Greffier aux parties et au Président de la juridiction dont le dessaisissement a été demandé ;

c) - Si la demande est justifiée, l'affaire est renvoyée soit à une autre formation de la juridiction primitivement saisie, soit à une autre juridiction de même nature que celle-ci.

Il convient de noter que la procédure de renvoi pour suspicion légitime est impossible devant la Cour Suprême, car il n'y a pas de juridiction supérieure à celle-ci.

- Le renvoi pour cause de récusation collective :

Si le renvoi est demandé pour cause de récusation en la personne de plusieurs Juges de la juridiction saisie, il est procédé comme en matière de renvoi pour cause de suspicion légitime, après que chacun des Juges récusés ait répondu, ou laisser expirer le délai de réponse.

- Le renvoi pour cause de sûreté publique :

Le renvoi pour cause de sûreté publique est possible lorsque dans la ville où une affaire doit être jugée est le théâtre de troupes, d'émeutes ou qu'il y a des menaces graves ne permettant pas aux Magistrats de siéger normalement.

Le renvoi est prononcé par la Cour Suprême sur réquisition du Procureur Général près ladite Cour.

Les dispositions des articles 471 à 474 du Code de procédure civile, économique et administrative sont applicables.

Section 4 : Les droits et obligations du Magistrat

Les droits et obligations auxquels sont astreints les Magistrats tiennent à leur qualité de fonctionnaires : Il s'agit du droit de la liberté d'expression et d'association, de l'obligation de réserve traitée à la partie concernant la déontologie, l'obligation de ne pas faire de grève, l'obligation de résidence, de l'interdiction de s'absenter sans congé régulier et la responsabilité du Magistrat.

Paragraphe 1 : Le droit de la liberté d'expression et d'association

A la lumière des dispositions de la Loi Fondamentale, les Magistrats jouissent, comme les autres citoyens, de la liberté d'expression, de croyance et d'association. Toutefois, dans l'exercice de ces droits, ils doivent toujours se conduire de manière à préserver la dignité de leur charge, l'impartialité et l'indépendance de la Magistrature.

Les Magistrats sont libres de constituer des Associations de Juges ou d'autres organisations, et de s'y affilier pour défendre leurs intérêts, promouvoir leur formation professionnelle et protéger l'indépendance de la Magistrature.

Les Magistrats ont le droit de prendre part à des débats publics concernant la Loi, l'administration de la Justice, la promotion et la protection des Droits de l'Homme. Mais ils doivent s'abstenir à toute activité militante qui prend nécessairement une couleur politique.

Au cours de la première République, les Magistrats étaient affiliés au sein du Syndicat professionnel de la Justice. Depuis 2007, l'Association des Magistrats de Guinée (AMG) a obtenu son agrément alors que les femmes Magistrats se retrouvent au sein de « L'Association des Femmes Juristes de Guinée ».

Paragraphe 2 : L'interdiction de faire la grève

Les Magistrats, même en position de détachement, n'ont pas le droit d'adhérer à un parti politique et toute manifestation politique leur est interdite.

Leur sont également interdites, toute manifestation d'hostilité au principe ou à la forme du Gouvernement, de même que toute démonstration de nature politique incompatible avec la réserve que leur imposent leurs fonctions, ainsi que toute action concertée susceptible d'arrêter ou d'entraver le fonctionnement des juridictions (Article 15 du Statut de la Magistrature).

La Loi ne retire pas au Magistrat sa citoyenneté car il peut participer aux élections politiques en exerçant son droit de vote.

La Loi lui demande seulement de ne jamais prendre des positions publiques de partisan dans le cadre d'une activité politique militante. Etre parrain lors d'une manifestation organisée par un parti politique, tenir un discours politique, etc. entrent dans ce cadre.

Pour le cas de la grève, « ce qui est interdit au Magistrat ce n'est pas seulement la grève totale, c'est-à-dire l'arrêt pur et simple de travail pour une durée plus ou moins longue, prédéterminée ou non, mais ce sont également toutes les variantes de grèves, par exemple :

- La « grève du zèle », qui consiste à traiter les dossiers avec un soin scrupuleux et tatillon qui conduit à ne connaître qu'un nombre insuffisant d'affaires pour que celles-ci soient toutes évacuées dans un délai raisonnable, ou
- La « grève perlée », qui consiste à organiser un absentéisme ponctuel, par juridiction ou par tâches à effectuer.

Dans le premier cas, celui de la grève totale, il y a arrêt de la Justice ; dans les deux autres cas, la grève du zèle et la grève perlée, il y a entrave au fonctionnement des juridictions ».[9]

Paragraphe 3 : L'obligation de résidence et l'interdiction de s'absenter sans congé régulier

A- L'obligation de résidence :

Les Magistrats sont tenus de résider dans le lieu du siège de leur juridiction. Ils ne peuvent s'absenter qu'en vertu d'un congé ou d'une autorisation individuelle et temporaire accordée par les chefs de juridiction ou le Ministre de la Justice suivant les règles édictées par les articles 26 et suivants du Statut de la Magistrature.

---

[9] Daniel GAUTHIER, op. Cit. Page 20

Cette obligation de résidence suppose que le Magistrat ait un domicile fixe où il peut être joint à tout moment.

Le non-respect de l'obligation de résidence par un Magistrat constitue un manquement aux devoirs de son état : C'est la situation par laquelle un Magistrat maintient son domicile de manière délibérée et constante sans raison valable dans une localité trop éloignée du lieu de son affectation.

B- L'interdiction de s'absenter sans congé régulier :

Des autorisations d'absence avec solde n'entrant pas en compte pour le calcul des congés annuels sont accordés dans les conditions déterminées ci-après :

1 - Dans la limite de quinze jours, par le Ministre de la Justice ;
2 - Dans la limite de huit jours, par les Présidents des Cours d'Appel ;
3 - Dans la limite de quatre jours, par les Présidents de Tribunaux de première Instance et les Juges de paix.

Des permissions d'absence peuvent, en outre, être accordées en raison d'événements sociaux ou familiaux.

Ces permissions sont d'une durée de quatre jours au plus et peuvent être renouvelées sans toutefois excéder quinze jours par an.

Toutefois, le total cumulé de ces autorisations d'absence ne peut excéder quinze jours par an (Article 37 du Statut de la Magistrature).

Par « absence », il faut entendre le défaut de présence du Magistrat au poste où il est affecté pour une durée égale ou supérieure à une demi-journée, qu'il y ait ou non éloignement hors du lieu du siège de la juridiction à laquelle il est attaché ; en ce cas, il devra d'abord requérir, et obtenir, une autorisation de son chef de juridiction. De fait, pour un Magistrat du Parquet l'autorisation doit être obtenue du supérieur hiérarchique.

Une absence non autorisée constitue une faute disciplinaire. Toutefois des cas de force majeure (maladie) ou d'urgence (accident survenu à un proche) peuvent être invoqués comme justifiant une absence de demande d'autorisation préalable.

En un tel cas, le Magistrat devra utiliser tous les moyens afin d'aviser dans les plus brefs délais le chef de sa juridiction ou son chef hiérarchique du motif et de la durée prévisible de son absence. A défaut, il commet une faute disciplinaire.

Par « congé », il faut entendre les congés annuels auxquels chaque Magistrat a droit mais aussi les congés exceptionnels reconnus par le Statut de la Fonction publique dans des cas limitativement énumérés et pour des durées précisées : Congés maladie, congés de maternité, congés pour événement personnel ou familial (mariage, naissance d'un enfant, décès d'un parent) ».[10]

Paragraphe 4 : La discrétion professionnelle

Le Magistrat est tenu à la discrétion professionnelle. Cette obligation résulte des principes généraux de la Fonction publique, applicables également aux Magistrats au regard des dispositions de l'article 1er du Statut de la Magistrature.

« ... Tout agent de la Fonction publique est lié par l'obligation de discrétion professionnelle pour tout ce qui concerne documents, faits ou informations dont il a connaissance dans l'exercice ou à l'occasion de l'exercice de ses fonctions » (Article 14 alinéa 2, Ordonnance 017/PRG/SGG/87).

Il faut y voir également dans cette optique concernant les Magistrats, le secret professionnel. Il en est surtout lorsque la Justice doit être rendue par une juridiction collégiale (Cour d'Appel, Cour d'Assises, Tribunal du Travail, etc.). Le secret du délibéré ne doit pas être violé même si un Juge est minoritaire, il ne doit pas faire savoir sa position au public comme le ferait par exemple les juridictions de common law, en Angleterre, aux Etats Unis, au Canada qui n'y voient aucun inconvénient. La Cour

---

10 *Daniel GAUTHIER op. Cit. pp. 11-12*

Suprême des Etats Unis, publiera, par exemple son arrêt avec dans son corps, s'il y a eu au cours du délibéré des Juges dissidents, l'exposé de la « dissenting opinion », sa motivation et le ou les noms des Juges dissidents et leurs motifs.

La Législation guinéenne est hostile sur ce point. Pour elle, le Juge en prêtant serment, s'est engagé à « bien fidèlement remplir ses fonctions, garder religieusement le secret des délibérations et de se conduire en tout comme un digne et loyal Magistrat ».

Ainsi, « viole le secret des délibérés le Magistrat qui livre à un tiers, avant jugement, une information substantielle sur le contenu d'une décision relevant de sa juridiction ; tel est le cas de l'Assesseur d'une Chambre des appels correctionnels qui, après l'audience et avant le prononcé de la décision, révèle à une personne en relation d'affaires avec le prévenu que la peine d'emprisonnement ferme infligée par le Tribunal correctionnel ne sera pas maintenue ».

Paragraphe 5 : La responsabilité du Magistrat

Le Magistrat n'est responsable que de ses fautes personnelles ; celles se rattachant au service public de la Justice ne peuvent être engagées que contre l'Etat, qui peut exercer une action récursoire contre l'auteur. Cette action est exercée devant la Chambre civile de la Cour Suprême.

L'Etat est tenu de réparer le dommage causé par le fonctionnement défectueux du service de la Justice.

Ainsi, la responsabilité de l'Etat peut être engagée en raison de décisions judiciaires qui causent un préjudice à un citoyen ou à des citoyens. Aussi, la recherche de la responsabilité de l'Etat peut aller des actes antérieurs à la décision judiciaire, aux actes postérieurs d'exécution ou actes détachables de la fonction juridictionnelle proprement dite qui peuvent causer un dommage au justiciable et engager de ce chef la responsabilité de l'Etat : Procès non évacué dans un délai raisonnable, perte d'un dossier, laisser prescrire l'action publique, actes de procédure et d'instruction, exécution des décisions judiciaires, etc.

La responsabilité étatique peut aussi être recherchée dans les cas :

- D'une détention provisoire inopérante suite à une ordonnance ou un arrêt de non-lieu, une relaxe ou un acquittement par une décision judiciaire définitive ;
- D'une erreur judiciaire constatée au cours d'un procès en révision ;
- De fautes commises par les organes de tutelle ;
- De carence du Greffe pour délivrer une expédition d'une décision à une autre partie civile.

La jurisprudence en France a assimilée le délai anormal au déni de Justice. C'est un devoir de l'Etat quant à la garantie du délai raisonnable du jugement par rapport à la profession juridictionnelle des individus.

1 - La responsabilité personnelle du Magistrat :

Aux termes de l'article 20 du Statut de la Magistrature, « Lorsqu'un crime ou un délit est commis par un Magistrat du Siège ou du Parquet, membre d'une juridiction autre que la Cour Suprême, il ne peut être poursuivi que sur avis du Conseil Supérieur de la Magistrature.
En cas de crime, il est procédé à l'instruction de l'affaire dans les conditions fixées par l'article 326 alinéa 2 du Code de procédure pénale (Actuel article 618 alinéa 2). Dans ce cas, l'affaire est jugée suivant les dispositions de l'article 328 et suivants du même Code (Actuel 620).
Lorsqu'un Magistrat est poursuivi pour un délit, ce sont les dispositions de l'article 326 du même Code qui s'appliquent.
Les coauteurs et les complices sont déférés à la même juridiction.
Les Magistrats de la Cour d'Appel bénéficient du privilège de juridiction conformément à l'article 16 de la Loi Organique portant attribution, organisation et fonctionnement de la Cour Suprême et aux articles 327 et 328 du Code de procédure pénale (Actuels 619 et 620)».

2 - La responsabilité du Juge dans la rédaction de sa décision :

La rédaction de la décision rendue par le Juge est un acte personnel. Le Juge doit être jaloux de sa décision. Cette jalousie doit avoir pour but la résistance aux épreuves du temps.

Le Juge doit y mettre toute son énergie, toute sa compétence pour faire comprendre au commun des mortels ce qu'il a voulu dire et non se contenter de formules stéréotypées, aux expressions surannées ou à la « photocopie » intégrale des conclusions des Avocats.

L'article 11 du Code civil interdit au Juge de se prononcer par voie de disposition générale et réglementaire sur les causes qui lui sont soumises. Il ne peut refuser de juger sous prétexte du silence, de l'obscurité ou de l'insuffisance de la Loi (Article 10 du Code civil) sous peine d'être poursuivi pour déni de Justice.

Toute décision rendue par le Juge doit être motivée.

C'est l'article 116 du Code de procédure civile, économique et administrative qui prévoit la motivation des décisions judiciaires lorsqu'il dispose que : « Le jugement doit exposer succinctement les faits et les prétentions des parties et leurs moyens.
Il doit être motivé.
Le jugement énonce la décision sous forme de dispositifs ».

Les juridictions supérieures (Cour d'Appel et Cour Suprême) examinent souvent cet aspect à la demande du justiciable qui n'est pas satisfait de la décision incomprise.

La motivation est une véritable garantie contre l'arbitraire pour le justiciable qui voudrait comprendre l'attitude du Juge qui s'est prononcé sur le litige. Elle permet de savoir comment une partie a gagnée le procès et pourquoi l'autre a perdu.

Le Juge l'exprime à travers « des attendus » (expression utilisée généralement au niveau des Justices de paix, des Tribunaux de première Instance, des Tribunaux pour enfants ou du Travail, etc.) ou des « considérants » employées à la Cour d'Appel ou à la Cour Suprême.

Cette obligation de motivation de la décision rendue par le Juge est substantielle tant en matière civile que pénale. Sa sanction constante en jurisprudence, est la nullité de la décision non motivée, par infirmation ou par cassation.

La Cour Suprême rappelle souvent dans ses arrêts de cassation que chaque chef du jugement doit être motivée. Ce qui signifie que la juridiction saisie a l'obligation de répondre à chaque chef de conclusions et chaque réponse doit être motivée. Par exemple pour motiver le huis clos en matière pénale, le Juge doit indiquer que la publicité des débats pourrait être dangereuse pour l'ordre public (ou pour les bonnes mœurs) ou employer des expressions équivalentes. En matière civile que la discussion publique entraînerait un scandale ou des inconvénients très graves.

Le Juge doit motiver l'adoption ou le rejet des diverses demandes principales, les motifs applicables à l'une ne s'appliquant pas nécessairement aux autres, l'adoption ou le rejet des demandes reconventionnelles, à moins que la décision, en ce qui les concerne, ne soit implicitement justifiée par les motifs applicables à la demande principale, l'adoption ou le rejet des demandes accessoires, par exemple sur la solidarité, à moins que la décision sur la demande accessoire ne soit la conséquence légale de la décision prise sur la demande principale, comme la condamnation du perdant aux dépens, la condamnation aux intérêts de droit, la condamnation du prévenu à payer des dommages et intérêts à la victime du délit, l'adoption ou le rejet des conclusions subsidiaires, l'admission ou le rejet des moyens de nullité, l'admission ou le rejet des exceptions proposées en défense : Exception d'incompétence, exception de chose jugée, exception de prescription, exception de compensation, excuse péremptoire, exception de péremption, exception de forclusion, etc. (Pierre Mimin, Le style des jugements, op. cit. pp. 379 à 381).

Les motifs doivent être clairs et sérieux. Si la décision ne contient qu'une apparence de motifs, cela peut entraîner l'annulation.

Il en est ainsi quand les motifs se présentent avec un caractère trop général, lorsque les motifs sont équivoques, quand ils sont dibutatifs ou se bornent à une répétition de principes : En déclarant qu'une exception n'est pas fondée sans dire pourquoi ; en déclarant qu'une demande n'a pas été intentée dans la forme légale, sans indiquer ce qu'aurait dû être la forme légale ; en déclarant simplement qu'un moyen n'a pas le sens commun ou que la demande n'est pas justifiée ou que la demande est juste et bien fondée ou qu'un moyen n'est fondé ni en fait ni en droit ; quand les motifs sont rédigés de telle sort que la juridiction supérieure ne peut exercer son contrôle, notamment quand les motifs ne permettent pas de vérifier si le Tribunal a statué en fait ou en droit, ou quand, situation fréquente en matière pénale, le Juge s'est borné à qualifier les faits sans les relater dans leurs éléments constitutifs (En matière d'escroquerie, il omet d'exposer les manœuvres frauduleuses ; en matière d'abus de confiance, il omet de préciser quel contrat a été violé ; en matière d'homicide par imprudence, de blessures par imprudence, il omet de relater les faits imprudents ou contraventionnels ; en matière de tentative, il omet de faire valoir le commencement d'exécution), etc.

Qu'il soit au civil ou au pénal, le Juge doit éviter de copier « mécaniquement » les conclusions des Avocats ou les réquisitions du Parquet mais élaborer son propre raisonnement. Il doit éviter les expressions de l'homme de la rue telles que choses volées, cambriolage, racket alors qu'il a l'obligation, par exemple, d'indiquer qu'il y a eu soustraction frauduleuse de la chose d'autrui.

La contradiction équivaut à l'absence de motifs. La Cour Suprême l'a souvent rappelé dans ses arrêts car les motifs contradictoires se détruisent réciproquement. La contradiction est manifeste entre les motifs et le dispositif lorsque, par exemple les motifs constatent que le défendeur est poursuivi personnellement et que le dispositif condamne ce défendeur ès qualité ou si les motifs s'appliquent uniquement à un incident de compétence et si le texte du dispositif statue à la fois sur l'incident et sur le fond, ou si tous les faits constitutifs d'un délit étant relevés dans les motifs, le dispositif porte relaxe du prévenu, etc. (Pierre Mimin, op. cit. pp.388 et 389).

Les motifs doivent être applicables à la cause. Ils sont considérés comme inexistants parce qu'inapplicables à la cause, quand ils consistent en une référence aux décisions prises dans les affaires étrangères aux parties (Cassation, 25 juil. 1895, 8, 95.1. 447).

Il a été retenu que la décision du Juge d'appel qui confirme la décision du Juge de première Instance est suffisamment motivée si elle adopte les motifs du premier Juge. Cela suppose d'abord que le jugement est lui-même motivé sinon la décision encourt cassation : « Attendu que l'arrêt attaqué adopte les motifs du jugement de première Instance alors que ce jugement n'en contient aucun » (Cassation, 8 janv. 1921 : Bull. crim. n° 11).

« Confirmer » un jugement, c'est adopter son dispositif. Ce n'est pas nécessairement adopter ses motifs. Quand on confirme un jugement, il faut donc, en outre, ou énoncer des motifs propres, ou adopter les motifs du premier Juge (Pierre Mimin, op. cit. pp.390 et 391).

3 - Le sens de responsabilité du Magistrat :

Dans l'exercice de ses fonctions, le Magistrat doit faire montre de rigueur, d'intégrité et de loyauté.

Le sens de responsabilité du Magistrat doit se traduire non seulement dans le règlement des affaires qui lui sont soumises mais également dans la vie civile car la qualité d'un Magistrat implique responsabilité et non privilège.

Tout ce qu'il fait ne doit pas porter atteinte au crédit et à la confiance des citoyens.

Le sens de responsabilité du Magistrat est une exigence fondamentale. Cette exigence tient au devoir général de célérité dans le règlement des affaires. Mais la célérité ne signifie pas précipitation pour le Juge saisi. Il est simplement demandé aux

Magistrats du Siège d'éviter de proroger leurs délibérés de façon excessive.

Pour le Juge correctionnel, il est « enfermé » dans un délai précis indiqué à l'article 395, alinéa 2 du Code de procédure pénale qui dispose que : « Lorsque le dossier est en état d'être jugé, l'affaire ne peut faire l'objet de plus de trois renvois pour quelque cause que ce soit. Après trois renvois successifs, l'affaire est obligatoirement jugée ».

En matière de flagrant délit, la personne arrêtée et déférée devant le Procureur de la République est, si elle est placée sous mandat de dépôt, traduite sur-le-champ à l'audience du Tribunal (Article 386 du Code de procédure pénale).

Quant aux Magistrats instructeurs, la même diligence est requise en matière de prolongation de détention provisoire (4 mois en matière correctionnelle et 6 mois en matière criminelle) alors que les Magistrats du Parquet doivent éviter de conserver à leur niveau un procès-verbal dressé par un Officier de Police Judiciaire des jours, des semaines, voire des mois avant son orientation régulière.

Paragraphe 6 : La récusation et la prise à partie du Magistrat

La Loi a donné à toute partie au procès, dès lors qu'elle a des soupçons justifiés sur l'objectivité du Magistrat, la possibilité de faire juger son affaire par un autre Magistrat.

Deux cas sont à examiner dans ce paragraphe : La récusation et la prise à partie du Magistrat.

A- La récusation :

La récusation est la procédure par laquelle un plaideur demande que tel Magistrat s'abstienne de siéger parce qu'il a des raisons de suspecter sa partialité à son égard.

Tout Juge ou membre du Ministère public peut être récusé pour les causes ci-après :

- S'il a un intérêt personnel au procès ;
S'il est parent ou allié de l'une des parties ou de son conjoint ;
- Si son conjoint est parent ou allié, ou se trouve dans une situation de dépendance vis-à-vis de l'une des parties ;
- Si lui-même, son conjoint, ses parents ou alliés ont été ou sont en procès avec l'une des parties ;
- S'il a conseillé ou donné un avis écrit sur le litige ou s'il y a déposé comme témoin.

La procédure de récusation est réglementée, d'une part, par les articles 452 à 466 du Code de procédure civile, économique et administrative et, d'autre part, par les articles 605 et suivants du Code de procédure pénale.

La demande de récusation d'un Magistrat est introduite par un acte passé au Greffe de la Juridiction ou au secrétariat du Parquet dont il relève. Cet acte doit contenir les moyens invoqués et toutes justifications utiles. La copie de ladite demande est communiquée au Magistrat concerné qui présentera ses observations dans les huit jours de cette communication pour faire connaître par écrit soit son acquiescement à la récusation, soit les motifs pour lesquels il s'y oppose.

Les requêtes en prise à partie sont obligatoirement communiquées, avant toute décision de rejet ou d'admission au Ministère public.

L'affaire est examinée sans qu'il soit nécessaire d'appeler les parties ni le Juge récusé. Copie de la décision est remise ou adressée par le Greffier au Juge et aux parties.

Deux cas peuvent se produire :

- Si la demande de récusation est reconnue fondée, le Magistrat doit s'abstenir de juger l'affaire. Il est procédé à son remplacement ;

- En revanche si la demande n'est pas fondée, le Magistrat doit juger l'affaire. On dit que « le Juge demeure sur le siège ». Dans ce cas, l'auteur de la récusation peut être condamné à une amende civile de 5.000 à 20.000 francs guinéens, sans préjudice des dommages et intérêts à verser au profit du Magistrat injustement attaqué.

La question souvent posée est de savoir si le Ministère public est récusable ?

Partie principale en matière pénale, le Ministère public n'est jamais récusable.

Par contre, en matière civile, lorsque le Ministère public est partie jointe, le Magistrat du Parquet peut être récusé dans les mêmes cas, dit l'article 452 du Code de procédure civile, économique et administrative.

En tout état de cause, le Parquetier est déontologiquement tenu à l'impartialité qui est une obligation générale du Corps judiciaire. Sa soumission à la Loi ne souffrir d'aucune entorse dans l'exercice de ses fonctions car son devoir de Magistrat lui impose de respecter et de faire respecter la Loi.

Le Magistrat du Parquet doit proscrire dans son comportement tout acte visant à humilier son collègue du Siège.

Il doit éviter les réquisitoires de « couloir » pour ne clarifier sa pensée qu'à l'audience et non dans les salons d'hommes d'affaires, de Préfet, de Gouverneur de Région ou de Maire de Commune.

Il ne doit pas voir l'Avocat de la défense comme un ennemi dont le rôle est essentiel dans le procès pénal, mais comme un auxiliaire de la Justice qui aide à la manifestation de la vérité.

Le Magistrat du Parquet est un homme. Il sera appeler à juger avec une part d'humanité sans s'écarter des principes fondamentaux qui gouvernent les droits de toute partie au procès.

A l'audience, il faut éviter le « m'as-tu vu » de certains Magistrats du Parquet qui se croient dans un « théâtre ». La salle d'audience est le lieu où doit se manifester la pureté de la vérité, la clarté du jour, la beauté des mots, la loyauté et la neutralité des Juges.

B- La prise à partie [11]:

La prise à partie est la voie de recours extraordinaire accordée par la Loi à un justiciable contre un Magistrat qui aurait abusé de son autorité.

Les Juges peuvent être pris à partie dans les cas limitatifs suivants :

- S'il y a dol, fraude, concussion ou faute lourde professionnelle qu'on prétendait avoir été commis, soit dans le cours de l'instruction, soit lors des jugements ;
- Si la prise à partie est expressément prononcée par la Loi ;
- Si la Loi déclare les Juges responsables, à peine de dommages et intérêts ;
- S'il y a déni de justice.

Il y a dol lorsque le Juge a trompé l'une des parties au point que la bonne foi de celle-ci a été entièrement surprise.

Il y a fraude, lorsque le Juge a accompli de mauvaise foi un acte portant préjudice à une partie.

Il y a concussion, lorsqu'un Juge a perçu, exigé ou ordonné de recevoir une somme qui ne lui était pas légalement due.

Il y a déni de justice, lorsqu'un Juge omet volontairement ou non, de donner suite aux requêtes qu'on lui présente, refuse ou néglige de juger des affaires pourtant en état d'être jugées.

---

[11] *Voir les articles 667 à 675 du Code de procédure civile, économique et administrative.*

La prise à partie contre un membre d'une Justice de paix, d'un Tribunal de première Instance, est portée devant la Cour d'Appel.

La prise à partie contre un membre de Cour d'Appel est portée devant la Cour Suprême.

Les requêtes en prise à partie sont obligatoirement communiquées, avant toute décision de rejet ou d'admission au Ministère public.

Si la requête est rejetée, le demandeur peut, s'il y a lieu être condamné à des dommages et intérêts envers le Magistrat faussement attaqué.

Si elle est admise, elle est signifiée dans les plus brefs délais au Juge pris à partie, qui sera tenu de fournir ses conclusions en défense dans les huit jours.

Un demandeur débouté peut être condamné à des dommages et intérêts envers les parties en cause sans préjudice de poursuites pénales de la part des Magistrats injustement pris à partie.

La prise à partie est présentée sur simple requête à une audience de la juridiction compétente: Cour d'Appel ou Cour Suprême.

Le huis clos peut être ordonné, mais le jugement doit être rendu en audience publique et solennelle.

Section 5 : La formation du Magistrat

Le Magistrat doit avoir une parfaite connaissance du Droit et de la procédure. Mais celle-ci, à elle seule ne suffit pas. Le Magistrat doit, en outre, acquérir le savoir-faire et une réflexion sur l'exercice et les pratiques professionnelles.

La compétence technique du Magistrat est une garantie essentielle pour le justiciable : Sécurité du droit et des procédures, respect de la liberté individuelle.

Il est incontestable que sans une bonne formation du Magistrat, il ne peut y avoir une bonne Justice. Toutefois, à la bonne formation il faut ajouter une bonne moralité.

Les Magistrats sont souvent accusés pour la lenteur dans le traitement des affaires au point qu'on penserait à des dénis de justice. Pour ce faire, le Magistrat doit connaître la procédure, les nouvelles procédures pour plus d'efficacité dans le travail. L'efficacité constitue un élément essentiel des devoirs du Magistrat.

La formation du Magistrat, que ce soit en juridiction ou au Centre de Formation, a pour vocation à former des Magistrats compétents et polyvalents, aptes à exercer toutes les fonctions du Siège comme du Parquet.

Aussi, au regard des différents textes de Lois, tout Magistrat « a le droit et le devoir d'améliorer et de compléter ses compétences et aptitudes professionnelles, soit par voie de formation, soit par voie de perfectionnement.
La formation professionnelle ...a pour objet de leur permettre d'exercer les fonctions qui leur sont ou, qui leur seront confiées dans les meilleures conditions de compétence et d'efficacité pour satisfaire les besoins de l'Administration et des usagers.
Le perfectionnement ......vise à améliorer, à valoriser et à approfondir leurs connaissances et leurs aptitudes au titre de leurs formations antérieures et de leurs expériences professionnelles (Article 92 à 94 de la Loi L/2001/028/AN du 31 décembre 2001adoptant et promulguant la Loi portant Statut Général des Fonctionnaires)

Paragraphe 1 : Le stage en juridiction

Au lendemain de l'indépendance, la jeune République n'avait pas plus d'une vingtaine de Magistrats pouvant exercer dans les juridictions ainsi abandonnées par l'ancien colonisateur.

Il faut attendre les premières promotions de l'Institut Polytechnique « Gamal Abdel Nasser » (IPGAN) de Conakry pour voir les jeunes Magistrats occuper progressivement les places tenues jusqu'en ce moment par les anciens Greffiers, Secrétaires des Greffes et Parquets qui assumaient les fonctions de Président de Cour d'Appel, Président de Tribunal, Procureur de la République, Juge de paix, etc.

La reforme courageuse et historique entreprise par le Ministre de la Justice, BARRY Bassirou, en 1986, a permis de replacer chaque Corps dans son cadre d'origine évitant ainsi frustrations, rivalités et haines entre les acteurs de la Justice.

La formation du Magistrat, à ces débuts ne se faisait pas à l'image d'une formation dans une Ecole de Magistrature. Les Magistrats le devenaient dès leur sortie de l'IPGAN, après une année de stage pratique dans les juridictions et la soutenance d'un Mémoire de fin d'Etudes Supérieure.

A proprement parler, il n'y avait pas de formation initiale du Magistrat à l'image de celle reçue dans une Ecole de Magistrature. Certes des stages, séminaires ou journées d'études étaient organisées en République de Guinée mais la formation initiale ne pouvait être faite faute d'Institution d'enseignement existante.

Le stage en juridiction prévu par le programme de formation concerne principalement les futurs Magistrats.

Concernant les Magistrats, le Statut de la Magistrature indique que les candidats inscrits à l'Ecole de la Magistrature reçoivent le titre d'Auditeur de Justice.

Les Auditeurs de Justice sont assimilés à des Magistrats : Ils prêtent serment et perçoivent une indemnité.

Les Auditeurs de Justice accomplissent de nombreux actes lors du stage en juridiction. Ils peuvent assister le Juge d'Instruction dans les actes d'information, les Magistrats du Ministère public dans l'exercice de l'action publique, siéger en surnombre, présenter oralement devant les juridictions civiles et correctionnelles des réquisitions et des conclusions, etc.

Le but du stage en juridiction est essentiellement de :

- Procurer au futur Magistrat l'apprentissage satisfaisant des techniques professionnelles dont il fera quotidiennement la pratique durant sa vie de Magistrat ;
- Connaître et analyser l'environnement humain, économique et social de la Justice ;
- Développer une réflexion sur les fonctions judiciaires, sur les principes fondamentaux de l'action du Magistrat, son statut, sa déontologie.

Le stage est ainsi purement pratique et doit porter sur des visites guidées dans des établissements pénitentiaires, des Cabinets d'Avocats, d'Huissier de Justice, de Notaires, des travaux pratiques : Conférences spécialisées, participation aux audiences, etc.

Paragraphe 2 : Le stage à l'extérieur

Il a fallu attendre l'arrivée de l'Armée au pouvoir, le 3 avril 1984, pour que la République de Guinée s'ouvre davantage au monde extérieur.

L'avènement de l'Armée au pouvoir consacra à la République de Guinée un tournant décisif dans l'histoire du pays par un bouleversement politique et socio-économique.

A l'issue de la première Conférence nationale des cadres de la Justice de la Deuxième République du 10 au 17 juin 1984 des recommandations heureuses avaient été faites en vue du redressement de l'appareil judiciaire guinéen.

Deux années plus tard, six Magistrats obtenaient une bourse d'études pour l'Ecole Nationale de Magistrature de Paris (Alpha Saliou BARRY, Kéléfa SALL, Moussa SAMPIL, Boubacar BAH et Djibril GASSAMA) suivi, en 1987 de quatre autres Magistrats pour l'Ecole Nationale d'Administration et de la Magistrature de Dakar (Sénégal) (Mamadou Alioune DRAME, Abdoulaye BARRY, Yaya BOIRO et Yaya Kaïraba KABA) et de six autres pour l'Ecole Nationale de Magistrature d'Abidjan (Côte d'Ivoire)

(Saïdou DIALLO, Moundjour CHERIF, Mme Kadiatou TRAORE, Mamadou Diouldé DIALLO, N'Fa Ousmane TOURE et Fodé BANGOURA).

Magistrats guinéens s à l'Ecole Nationale d'Administration et de Magistrature (ENAM) de Dakar (Sénégal).

Ce processus continuera ainsi par l'envoi d'autres Magistrats pour des stages de courte durée à Paris, Bordeaux, Dakar, etc.

A la Section Internationale, puis à Bordeaux ou à Dijon, en France, les Magistrats guinéens ont reçu des formations organisées sous forme de directions d'études, qui correspondent aux fonctions existant dans une juridiction française. Ils ont également suivi des conférences et des séminaires aux thèmes diversifiés dans le cadre d'Accords d'aide et de coopération entre la France et la Guinée.

Il y a lieu de souligner, surtout, que les stages au sein des juridictions françaises ont apporté le plus nécessaire aux Magistrats guinéens qui ont pu ainsi suivre avec leurs collègues français toutes les procédures judiciaires du Siège au Parquet sans oublier les stages pratiques au niveau des Officiers de Police Judiciaire ou des

Auxiliaires de Justice. Cette expérience sera bénéfique au retour car, non seulement ils mettront en pratique ce qu'ils ont appris mais surtout, vont transmettre ces connaissances et toute la riche documentation obtenue en France aux autres collègues guinéens sous formes de stages de remise à niveau, de conférences, séminaires, etc.

Des stages de formation de formateurs furent suivis en France par des Magistrats et des Greffiers devant intervenir efficacement au Centre de Formation et de Documentation Judiciaires du Ministère de la Justice.

Paragraphe 3 : Le programme de formation continue des Magistrats

La formation et le perfectionnement des Magistrats sont d'une importance capitale pour le bon fonctionnement de la Justice. Celle-ci est souvent décriée. On parle de Magistrats corrompus, incompétents, de Justice lente, etc. C'est pourquoi la « formation continue (des Magistrats) devrait être assurée par tous les moyens possibles : Les stages, les séminaires, les journées d'études, le jumelage, les échanges d'hommes et d'informations avec des organisations judiciaires plus performantes et par-dessus tout, la mise sur pieds dans notre pays d'une cellule de formation continue qui assumerait le rôle d'interface entre les personnels à former et les partenaires étrangers qui seraient engagés dans un tel programme »[12].

Depuis 1986, grâce aux pays amis (France, USA, Allemagne, Sénégal, etc.) plus d'une vingtaine de Magistrats guinéens ont été admis dans des Ecoles de Magistrature pour se perfectionner car l'expérience des autres est toujours nécessaire en la matière.

Devant avoir les connaissances du médecin, du psychologue, de l'économiste, de l'historien, etc., le Magistrat doit s'armer conséquemment. Il doit apprendre et suivre l'évolution de la

---

12 *Mohamed Lamine FOFANA, Secrétaire Général du Ministère de la Justice, Table ronde sur le rôle et la place de la Justice dans le développement de la Guinée, p.81.*

Législation car le Magistrat est l'interprète d'une civilisation. A cet égard, il doit être attentif à l'échelle des valeurs communément admises.

Ce processus de formation et de perfectionnement doit se poursuivre davantage puisqu'il est incontestable que la Justice, pour mieux servir doit s'adapter aux situations sociales, sociologiques, économiques nouvelles. Le Magistrat appelé à appliquer la Loi doit incontestablement avoir une compétence professionnelle. C'est pourquoi les stages de formation ou de perfectionnement, les voyages d'études, etc. doivent être la préoccupation permanente du Département de la Justice.

La création du Centre de Formation et de Documentation Judiciaires (CFDJ) en 1995, grâce à la Coopération Française, a permis une véritable remise à niveau de tout le personnel judiciaire guinéen (Magistrats, Greffiers, Avocats, Huissiers de Justice, etc.) à travers des stages de formation, de séminaires spécialisés dans presque toutes les branches de l'activité professionnelle judiciaire.

Cette formation continue a l'avantage d'offrir au personnel judiciaire des modules techniques et des activités de découverte et d'ouverture. Elle développe ainsi une formation à la méthodologie des fonctions judiciaires et une formation aux techniques et champs de compétences périphériques au domaine judiciaire.

Le Centre de Formation et de Documentation Judiciaires, par la Convention de coopération avec le Centre de Formation Judiciaire de Dakar (Sénégal), a organisé à l'intention, principalement des Magistrats et des Greffiers, des stages de formation pratiques dans les juridictions sénégalaises.

Le programme de formation mis en place vise à faire obtenir au personnel judiciaire une instruction et une formation adéquates pour qu'il soit conscient des idéaux et des devoirs éthiques de sa fonction.

Section 6 : La déontologie du Magistrat

La déontologie, selon Littré, c'est tout simplement la science des devoirs. Du grec « deon », ce qui convient, et « logos », science, ce néologisme de la langue savante a été forgé par Bentham en 1834 pour désigner son « arithmétique des plaisirs ».

De nos jours, la déontologie constitue une branche relativement autonome du Droit positif. Elle s'entend comme l'ensemble des règles applicables à une profession.

Les principales règles déontologiques du Magistrat sont contenues dans le Statut de la Magistrature.

Le Magistrat « doit rendre une Justice impartiale, sans aucune considération de personne, d'intérêts, d'appartenance raciale, ethnique, politique, religieuse ou sociale. Il ne doit faire état de la connaissance personnelle qu'il peut avoir d'une affaire. Il ne peut défendre ni verbalement ni par écrit, même à titre de consultation des causes autres que celles qui le concernent personnellement ou qui concernent directement les parents ou alliés jusqu'au deuxième degré ».

Le Magistrat a pour devoir :

- De servir la cause de la Justice avec fidélité, dévouement et intégrité ;
- De veiller à la sauvegarde des Institutions de la République en général ;
- D'exécuter personnellement et consciencieusement ses obligations professionnelles ;
- De faire preuve de dignité et de courtoisie, tant dans ses rapports avec ses supérieurs hiérarchiques et collègues, que dans ses relations avec le public ;
- D'éviter dans sa vie publique et privée tout ce qui pourrait ébranler la confiance des justiciables, faire suspecter son impartialité ou compromettre l'honneur ou la réputation de la Magistrature.

Paragraphe 1 : Le devoir de loyauté

Le devoir de loyauté se retrouve dans les textes légaux eux-mêmes :

- Dans le Statut de la Magistrature d'où il résulte du serment prêté par le Magistrat avant de prendre ses fonctions : « Je jure de bien et loyalement remplir mes fonctions de Magistrat ... » (Article 7 du Statut de la Magistrature).

Les Auditeurs de Justice ont la même obligation de loyauté en prêtant le serment de se « ... conduire en digne et loyal Auditeur de Justice » ;

- On retrouve le terme de loyauté dans l'article 81 du Code de procédure civile, économique et administrative relatif au Juge de la mise en état qui doit veiller « ... au déroulement loyal de la procédure, spécialement à la ponctualité de l'échange des conclusions et de la communication des pièces ».

Ainsi, le devoir de loyauté prévu par le serment des Magistrats leur en fait une obligation professionnelle. Leur impartialité dans les décisions à prendre, leur honnêteté et leur rigueur intellectuelle dépendent largement de la confiance du Peuple vis-à-vis de sa Justice.

Le devoir de loyauté du Magistrat doit s'appliquer dans ses rapports avec tous les justiciables, les Greffiers, les Avocats, etc.

- Manque aux devoirs de délicatesse et de loyauté auxquels est tenu tout Juge et omet de se conduire comme un digne et loyal Magistrat le Juge qui, contestant - en la qualifiant « d'immonde » - la décision de la Cour d'Appel annulant ses jugements, procède ou fait croire qu'il a procédé à un enregistrement clandestin des propos tenus au cours d'une conversation privée avec l'un des Conseillers ayant participé à l'élaboration de ladite décision et dont il résulterait, selon le Magistrat poursuivi, que cette décision aurait été rendue dans des conditions irrégulières dont il se réserverait d'informer le public ;

- Manque également aux devoirs de délicatesse et de loyauté auxquels est tenu tout juge, et omet de se conduire comme un digne et loyal Magistrat, le Juge qui, en ne se déportant pas dans des affaires où il a l'obligation morale de ne pas siéger, se départit de la réserve rigoureuse à laquelle il est tenu, s'exposant ainsi à ce que son impartialité et sa neutralité soient mises en cause et portant, de ce fait, atteinte à l'autorité de l'Institution judiciaire ;

- Manque à la délicatesse et au devoir d'impartialité le Magistrat du Parquet qui ne demande pas à être déchargé d'un dossier alors que ses relations personnelles avec la personne faisant l'objet de poursuites pénales et avec ses proches ne sont pas compatibles avec le suivi, par ses soins, du dossier la concernant ; il est fait, en outre, preuve d'un défaut de loyauté lorsque c'est par un usage abusif de sa qualité et de ses fonctions qu'un Magistrat est resté en relation avec cette personne pendant sa détention (Décisions du Conseil Supérieur de la Magistrature en France).

Paragraphe 2 : L'impartialité du Magistrat

La Loi demande au Magistrat d'être impartial. Cette obligation est contenue à l'article 18 du Statut de la Magistrature qui dispose que « Les Magistrats doivent rendre impartialement la Justice, sans considération de personnes ni d'intérêts. Ils ne peuvent se prononcer dans la connaissance personnelle qu'ils peuvent avoir d'une affaire. Ils ne peuvent défendre ni verbalement, ni par écrit, même à titre de consultation, les causes autres que celles qui les concernent personnellement ».

La règle posée par le Législateur a pour but de mettre le Magistrat à l'abri de toutes influences extérieures pouvant, soit directement, soit indirectement influencer sa décision. Il en est ainsi de l'influence financière ou sociale, à savoir l'appartenance ethnique, la religion, le sexe, la situation familiale ou professionnelle, la conviction politique.

Ce devoir d'impartialité du Magistrat est si important que le Magistrat a l'obligation morale et intellectuelle de « s'auto récusé » si pour une raison ou une autre il est incapable de juger en toute objectivité une affaire soumise à son appréciation.

Toute partie au procès doit avoir confiance en l'impartialité du Magistrat chargé de juger son affaire dès lors que ce dernier n'a pas besoin de prendre des conseils ou d'obtenir des instructions auprès de quelque autorité que ce soit avant de rendre sa décision.

Ainsi, à tous les stades de la procédure, le Magistrat ne doit manifester ni parti pris ni préjugé personnel pour offrir aux justiciables toutes les garanties d'indépendance et d'impartialité excluant tout doute à son égard.

Le Magistrat a donc l'obligation de rester neutre et de n'accorder aucun privilège à aucune des parties en présence au procès.

La Loi interdit au Juge de faire connaître à l'avance aux parties le sens dans lequel il se propose de juger. Des expressions comme : « Taisez-vous ! Tout ce que vous dites est faux ! C'est vous le coupable » ou « En vérité, vous n'avez pas raison, le terrain lui appartient ».

Cette même interdiction touche le Magistrat du Parquet qui procède à des classements sans suite répétés toutes les fois qu'un de ses proches est en litige avec une autre partie au procès.

La juridiction doit offrir des garanties suffisantes pour exclure à cet égard tout doute légitime.

Le doute pouvant provenir :

- Des conditions d'organisation de l'Institution judiciaire (Critère organique) c'est-à-dire des conditions d'accès aux fonctions et de la séparation des fonctions ;
- Des conditions d'intervention du Magistrat eu égard aux interventions antérieures qui ont pu lui donner une certaine connaissance de l'affaire, ce jugement est nommé par la doctrine, l'impartialité objective concrète.

Aussi, dans ce travail gigantesque, il faut à tout prix éviter de tomber dans un système d'impunité. Il faut donner confiance aux citoyens l'assurance que toute personne soupçonnée d'une infraction doit être traduite devant la juridiction compétente et sanctionnée si elle est reconnue coupable. En revanche, l'innocent doit bénéficier d'un non-lieu, d'une relaxe ou d'un acquittement si les charges ne sont pas suffisantes à son égard. Par ses décisions, le Magistrat, à quelque stade de la procédure doit éviter de créer un sentiment d'injustice ; le sentiment d'injustice entraîne des frustrations qui ont pour conséquences la révolte au sein de l'Etat.

Toute décision légalement rendue doit être exécutée autrement la mission du Juge serait incomplète.

Paragraphe 3 : Le secret des délibérations et des votes

Le respect du secret des délibérations et des votes découle du serment que prête le Magistrat qui jure, « ... de garder scrupuleusement le secret des délibérations et des votes... ». Ce qui signifie que le Magistrat a l'obligation de ne point révéler tout ce qui a été dit lors du délibéré des affaires soumises à son appréciation lorsqu'il siège en formation collégiale.

En cause d'appel, par exemple, le Magistrat siégeant en collégialité doit « retenir sa langue » même s'il est minoritaire dans sa position à la solution de la décision à prendre. Il ne doit jamais dire à une partie au procès ou à un autre collègue que sa position était telle mais que c'est le Président ou tel Conseiller qui a tenu à ce que telle décision soit prise.

Le secret des votes vise également les Magistrats siégeant en matière d'Assises. Il en est de même des Assesseurs du Tribunal Militaire ou de la Haute Cour de Justice.

Ce secret professionnel se situe au carrefour de deux notions : La protection de la vie privée de l'individu et la protection de l'ordre public démocratique.

La République de Guinée a inséré dans son droit interne le principe du respect de la vie privée à travers la Loi Fondamentale et la Loi n° 36/AN/98 du 31 décembre 1998 portant Code pénal.

La violation du secret professionnel par toute personne qui en est dépositaire soit par état, soit par profession, constitue une infraction pénale prévue et punie par l'article 375 du Code pénal.

Ainsi, c'est une obligation de discrétion qui s'impose à toutes les professions tout comme l'obligation de réserve imposée aux fonctionnaires et qui a pour fondement le principe de neutralité du Service public comme l'indique l'article 23 de la Loi Fondamentale qui dispose que : « Quiconque occupe un emploi public ou exerce une fonction publique est comptable de son activité et doit respecter le principe de neutralité du service public. Il ne doit user de ses fonctions à des fins autres que l'intérêt de tous ».

Paragraphe 4 : L'obligation de réserve

L'obligation de réserve est une des principales obligations du Magistrat. Qu'il soit du Siège ou du Parquet, le Magistrat ne peut exprimer publiquement des propos susceptibles de faire douter de sa neutralité et de son objectivité.

Il lui est donc interdit de commenter, en particulier dans la Presse et les medias, les affaires dont il a à connaître en raison de ses fonctions.

Toutefois, les Procureurs Généraux et les Procureurs de la République peuvent rendre public des communiqués sur l'état des enquêtes dirigées par leur Parquet, qui ne soient pas de nature à porter atteinte au principe de la présomption d'innocence.

Tout manquement par un Magistrat aux devoirs de son état, à l'honneur, à la délicatesse ou à la dignité, constitue une faute disciplinaire.

Pour les membres du Parquet et les Magistrats du cadre de l'Administration Centrale du Ministère de la Justice, cette faute s'apprécie compte tenu des obligations qui découlent de leur subordination hiérarchique.

L'obligation de réserve se manifeste par la discrétion et la retenue du Magistrat tant dans sa vie privée que dans sa vie professionnelle.

Ainsi, constitue un manquement à l'obligation de réserve et est de nature à justifier une sanction disciplinaire le fait, pour un Magistrat, d'exprimer au cours d'une émission de radiotélévision une opinion sur une affaire dont il avait été saisi.

Manque aussi à la dignité s'attachant à son état de Magistrat, le Magistrat dont les mauvais rapports, parfois empreints de violence, avec son épouse ont été portés à la connaissance des voisins et de parents appelés à la rescousse pour mettre fin à une très vive altercation, aux insultes proférées et aux violences exercées par le mari à l'encontre de son épouse.

Il est interdit au Magistrat toute expression outrancière, toute critique de nature à porter atteinte à la confiance et au respect que sa fonction doit inspirer aux justiciables, le magistrat devant, s'il veut faire connaître son opinion, s'exprimer de façon prudente et mesurée en raison du devoir d'impartialité et de neutralité qui pèse sur lui pour satisfaire aux exigences du service public dont il assure le fonctionnement.

Mais l'obligation de réserve des Magistrats, justifiée par le souci d'éviter que soient mises en cause leur impartialité et leur neutralité, ne saurait servir à réduire le Magistrat au silence et au conformisme ; elle doit se concilier avec le droit particulier à l'indépendance qui distingue fondamentalement le Magistrat du fonctionnaire et qui s'applique aussi aux Magistrats du Ministère public.

Commet une faute passible de sanctions disciplinaires le Magistrat qui ne procède à la restitution spontanée des dossiers dont il avait la charge que sur injonction d'une autorité extérieure (Décisions du Conseil Supérieur de la Magistrature en France).

Comme l'indique la Loi Fondamentale, tout citoyen bénéficie des libertés garanties constitutionnellement. Ainsi, le Magistrat, comme tout citoyen bénéficie de la protection de sa vie privée et de la liberté d'expression.

Mais, le Magistrat doit s'interdire tout comportement qui soit de nature de porter gravement atteinte à son indépendance : Acceptation d'un prêt sans intérêt d'une société commerciale située dans son ressort permet de suspecter la probité et l'indépendance d'un Juge ou encore le fait d'accepter l'exécution gratuite de travaux au domicile d'un Procureur de la République caractérise, non seulement une imprudence grave mais encore un comportement de nature à entraîner le risque que son impartialité puisse être mise en doute.

Pour ce faire, le Juge doit éviter de recevoir des faveurs ou cadeaux de la part d'une partie au procès ou susceptible de le devenir.

Paragraphe 5 : L'honneur, la dignité et la probité du Magistrat

Il est interdit au Magistrat de se livrer à des activités qui sont de nature à porter atteinte à sa dignité ou à son indépendance.

Des dérogations peuvent être accordées par le Ministre de la Justice au cas par cas. Mais des activités comme celles de comédien sont inacceptables. Il en est de même de celles de ministre de culte.

La jurisprudence du Conseil Supérieur de la Magistrature guinéenne n'étant pas encore connue, il y a lieu de noter toutefois que de manquements commis par des Magistrats peuvent faire l'objet de sanctions.

Il en est ainsi, par exemple :

- Des insuffisances professionnelles : Retards injustifiés dans le traitement des dossiers voire l'abandon de certaines affaires ou le refus d'accomplir les actes de ses fonctions ;
- La non tenue des audiences ;
- Les délibérés indûment prolongés d'affaires présentant pour certains un caractère particulièrement abusif ;
- Les Magistrats rédigeant les jugements (ou arrêts) qu'après des mois et sur les réclamations des Avocats ou des parties elles-mêmes ;

- Le fait de faire rédiger sa décision par un Avocat ou un juriste ;
- L'absentéisme injustifié ;
- Les propos d'audience témoignant d'une absence grave de contrôle de la pensée et de maîtrise de la parole, etc.

Constituent des manquements répétés aux devoirs de l'état de Magistrat et à la dignité attachée à ses fonctions, et portent atteinte à l'image et au crédit de l'Institution judiciaire :

- Le fait, pour un Magistrat, d'avoir provoqué des retards fréquents, importants et injustifiés dans le prononcé des jugements soumis à sa motivation, d'avoir manqué de ponctualité et de disponibilité pour le service de la juridiction, avec des absences inopinées, d'avoir fait preuve de désinvolture dans la fixation des audiences et suspendu celles-ci de manière injustifiée pour des raisons et démarches personnelles,
- Le fait, pour un Magistrat, de s'être placé dans un état d'insolvabilité devenu notoire au sein même de la juridiction où il exerce ses fonctions et parmi les professions judiciaires locales, dès lors que cette circonstance, si elle relève de la vie privée, a atteint son autorité juridictionnelle,
- Le fait, pour un Magistrat, d'avoir fait état de cette qualité dans des différends ou pour des sollicitations d'ordre privé ;

- Manque à la fois à l'obligation de réserve qu'il était tenu de respecter et à la dignité dont tout Magistrat doit faire preuve dans l'exercice de ses fonctions, le Magistrat qui, après la survenance d'un incident avec un Avocat, consigne dans un procès-verbal destiné à figurer dans le dossier de la procédure des appréciations particulièrement outrageantes à l'égard de cet auxiliaire de Justice.

- En refusant de rédiger les jugements dont la rédaction lui incombait, le Magistrat, membre de la formation collégiale ayant délibéré des affaires en cause, manque à ses responsabilités professionnelles essentielles et à ses devoirs envers les parties en attente de jugement, portant ainsi atteinte au crédit de l'Institution judiciaire (Décisions du Conseil Supérieur de la Magistrature en France).

Dans le choix de ses relations et de ses fréquentations publiques, le Magistrat doit observer les règles de prudence et de réserve nécessaires pour ne pas compromettre l'autorité qui est attachée à ses fonctions.

Il est ainsi interdit au Magistrat :

- D'entretenir des relations extraprofessionnelles avec des délinquants ;
- D'avoir des relations avec des prostituées ou des repris de Justice ;
- De recevoir des toxicomanes chez lui ;
- D'échanger des services avec des condamnés ;
- De conduire sous l'empire d'un état alcoolique ;
- De commettre un vol, d'être complice d'un abus de biens sociaux, d'abus de confiance, etc.

Pour le cas de la probité, notons quelques décisions du Conseil Supérieur de la Magistrature en France : « Le justiciable est en droit d'attendre de son Juge qu'il présente, en sa personne même, les qualités de probité qui seules le rendent digne d'exercer sa mission », faute de quoi le Magistrat perd « toute légitimité dans l'exercice du pouvoir de juger » (CSM français, Siège, 28 mars 1996).

Constituent de graves manquements à l'obligation de probité :

- Le fait de faire régler par sa juridiction des achats personnels et des travaux à son domicile (CSM français, Siège, 28 mai 1996)

- Le fait de gérer une « caisse noire » sans tenir de comptabilité permettant des vérifications puis de détourner les fonds de cette « caisse noire » sur son compte personnel (CSM français, Siège, 15 mai 1996) ;

- Il en est de même de l'utilisation à des fins personnelles, par un Juge d'instance, des frais de fonctionnement de sa juridiction (CSM, français, 28 mars 1996 précité) ;

- Manque également à l'obligation élémentaire de probité le Juge qui souscrit une promesse d'achat notariée et un engagement de caution à l'égard d'un couple, alors qu'à la date de ces engagements les capacités financières de ce Magistrat étaient au plus bas (CSM, français, Siège, 27 juin 1996).

Sont contraires à l'honneur, à la délicatesse ou à la dignité :

- Le fait de délivrer des attestations de complaisance ;
- D'émettre des chèques sans provision ;
- D'établir une reconnaissance de dette sans objet ;
- Le fait d'abuser de ses fonctions pour percevoir des taxes illégales ;
- Le fait de s'approprier des fonds appartenant à des mineurs dont le Juge avait mission de sauvegarder les intérêts ;
- Le fait pour un Magistrat de se livrer à une tentative de séduction et à des gestes de caractère sexuel à l'égard d'une mère d'enfant soumis à sa juridiction ou dont le mari est arrêté ;
- Le fait pour un Magistrat de demander à une personne d'intervenir auprès du Ministre de la Justice en vue d'obtenir une promotion.

Les excès de langage sont également jugés comme pouvant porter atteinte à l'honneur, la délicatesse ou la dignité. Il en est ainsi des excès de langage non seulement injurieux mais aussi délibérément infamant à l'égard de collègues. Or, tout Juge doit constamment veiller à entretenir, notamment avec ses collègues et avec les auxiliaires de Justice, des relations empreintes de délicatesse et exemptes de tout manquement à la dignité et à la réserve qui doivent être inhérentes à l'accomplissement des fonctions judiciaires.

Paragraphe 6 : Les relations Magistrats-Greffiers

A- Le duo légal :

Les dispositions légales imposent aux Greffiers une assistance à certains actes dont la validité dépend.

Le Greffier est le garant privilégié de l'authenticité des actes du Juge qui se traduit par l'apposition de sa signature sur lesdits actes, à côté de celle du Magistrat ou des parties intéressées.

S'il écrit sous la dictée du Juge, le Greffier doit éviter d'affirmer des faits inexacts ou réparer par complaisance ou encore par intérêt les actes illégaux du Juge. Sa noble mission de témoin privilégié du Juge fait de lui non pas « un instrument passif entre les mains du Juge mais un témoin intelligent.... ».[13]

Le Greffier a des attributions personnelles que le Juge ne peut effectuer à sa place.

Il en va ainsi de :

- L'établissement des copies certifiées conformes. Cette certification signée par le Greffier fait foi jusqu'à inscription de faux ;
- La communication de certaines ordonnances et avis au Ministère public, à la partie civile ;
- La notification d'ordonnances aux parties et à leurs Conseils ;
- La réception des rapports d'expertise et la rédaction de leur acte de dépôt ;
- La rédaction également de l'acte de dépôt d'une pièce arguée de faux et de description ;
- La rédaction de procès-verbal d'élection de domicile, etc.

Ce tandem Greffier-Magistrat doit donc être parfaitement synchronisé pour éviter toute confusion dans les tâches dévolues à chacun.

Ce travail se présente donc en « une multiplicité d'échanges qui réclame de la part du fonctionnaire une maîtrise de lui-même et un équilibre pour renseigner, rassurer parfois, mais aussi imposer des limites, car le Greffier ne doit pas se substituer au Magistrat. Il ne lui appartient pas de conseiller les parties, au risque de perdre sa neutralité, mais de les renvoyer à leur Avocat, pas plus de manifester ses propres sentiments dans certaines affaires particulièrement troublantes.... »[14]

---

13 *Faustin HELIE, Traité de l'Instruction criminelle.*

14 *Extrait du mémoire « Le Secrétariat-greffe d'une juridiction » par Mme Viand-Correste Claudie, Auditeur de Justice, Promotion 1985 (France).*

Le Greffier ne doit jamais perdre de vue qu'il agit sous la surveillance et la responsabilité du Magistrat. C'est pourquoi, il doit lui garantir une sécurité suffisante dans l'exécution des actes formels, avoir le souci du travail bien fait et l'amour de la Justice.

Le Magistrat ne doit jamais considérer le Greffier comme un simple « scribe » instrumentant sous sa dictée mais comme un garant de la procédure. Doivent être interdits dans leurs rapports les termes vexatoires tel que « Tais-toi et écris. C'est moi le Juge » ou lorsque le Greffier dit : « En fait de Magistrat, c'est un nullard qui est là. Il ne connaît rien. Tout est fait par moi, il ne fait que signer ! ».

Le Greffier assiste le Magistrat à tous les stades de la procédure et dans tous les cas prévus par la Loi. Il procède aux formalités pour lesquelles compétence lui est attribuée.

Dans ce travail quotidien, le Greffier doit donc :

- Avoir des connaissances générales, des facultés d'analyse et de synthèse ;
- Avoir le souci de perfectionner ses connaissances professionnelles et générales ;
- Avoir des qualités d'initiatives et de dynamisme ;
- Avoir la rapidité et la précision dans l'accomplissement de ses fonctions ;
- Avoir la puissance de travail ;
- Avoir le souci de l'efficacité administrative ;
- Avoir le sens du service public ;
- Avoir la conscience et la discrétion professionnelle ;
- Avoir la faculté d'adaptation et de la sociabilité ;
- Avoir des qualités d'autorité ;
- Avoir l'aptitude à appliquer des instructions, à en assurer le suivi et à en rendre compte, etc.

B - Présence du Greffier à l'audience :

Au regard de l'organisation judiciaire, le Greffier doit être présent devant toutes les juridictions, de la Justice de paix à la Cour Suprême.

Toutefois, à l'audience, le Greffier ne doit pas intervenir, ni poser des questions aux parties sauf pour mieux entendre les déclarations de celles-ci en faisant signe au Président audiencier qu'il n'a pas bien entendu.

Sa responsabilité étant lourde, le Greffier ne doit pas se laisser emporter par le récit des parties mais noter au lieu de regarder celles-ci car le plumitif d'audience qu'il tient est une pièce importante de témoignage des déclarations faites à la barre, des incidents d'audience, etc. A cet égard, il doit être attentif à tout ce qui se passe à l'audience car à ce niveau il est « l'oreille et l'œil » du Magistrat.

C - Le Greffier dans le milieu social :

Connaissant parfaitement le milieu, le Greffier ne doit jamais oublier de mettre au courant le Magistrat des us et coutumes de la localité et l'histoire de celle-ci.

Son comportement dans la localité doit être exemplaire car il est considéré par les citoyens comme un cadre de la justice. Il doit donc s'interdire de se retrouver dans des maquis, être en état d'ivresse, de donner des points de vue sur la politique, sur une décision rendue, etc. Il doit croire en son métier, être d'une honnêteté intellectuelle exemplaire. Il doit avoir du caractère, du courage et de l'intelligence dans ses rapports quotidiens mais surtout faire preuve d'une compétence fondée sur une large connaissance du Droit et sur une culture approfondie.

Greffier et Magistrat constituent le tandem qui doit résister aux cris d'impatience, aux calomnies pour effectuer le travail titanesque qui leur revient car, Serviteurs de la Justice, sans cette symbiose et cette complémentarité, leur travail deviendrait un géant au pied d'argile.

Paragraphe 7 : Les relations Magistrats-Avocats

Il a toujours été dit qu'« un bon Avocat fait un bon Juge ». C'est dire qu'entre les deux doit exister une saine compréhension, sans adversité ni haine ou jalousie. Les honoraires sont aux avocats et les honneurs aux Magistrats.

Devant jouer chacun son rôle dans le cadre de la recherche permanente de la manifestation de la vérité, Magistrat et Avocat sont appelés à conjuguer les efforts pour qu'une Justice bien comprise par les parties soient rendue au nom du Peuple de Guinée.

Les Avocats ayant l'obligation du respect et de la courtoisie envers les Magistrats, ces derniers ne doivent pas traiter les avocats comme des subalternes devant respecter du doigt et de l'œil.

Le Parlement de Rennes disait déjà en 1741, « Défense aux Juges de maltraiter les Avocats de parole ».

Il doit donc exister une réciprocité dans le respect de l'un vis-à-vis de l'autre en se conformant strictement aux règles édictées par les différents textes de Lois régissant leurs professions respectives.

1 - La modération de l'Avocat : Elle est chez l'Avocat une règle de comportement tant dans les prétoires que dans la vie quotidienne.

L'on a pu dire que l'Avocat doit en tout se montrer « convenable ». Il doit ainsi éviter le « m'as-tu vu », l'arrogance d'être imbu de connaissances, se garder d'expressions outrageantes, vexatoires envers les tiers, les confrères ou les Magistrats.

2 - La courtoisie de l'Avocat : Par son serment à connotation morale, « je jure de remplir dignement et loyalement ma mission en veillant au respect strict des règles de mon Ordre et de ne jamais m'écarter du respect dû aux Cours et Tribunaux », (Pour l'Avocat stagiaire) et « je jure, comme Avocat, d'exercer mes fonctions avec dignité, conscience, indépendance, probité et humanité » (Pour le titulaire), l'Avocat se voit imposer une éthique exigeante. Cette exigence se concrétise dans le fait que l'Avocat est un auxiliaire de la Justice (Article 1er de la Loi/2004/014).

La courtoisie doit être de règle dans le comportement de l'Avocat.

Le Règlement Intérieur du Barreau guinéen a fixé dans son Titre premier « Les principes essentiels de la profession d'Avocat ».

Celui-ci indique à l'article 1 – 3 alinéas 2 et 3 que « Toutes les valeurs qui constituent les principes essentiels de la profession guident en toutes circonstances le comportement de l'Avocat et servent à l'interprétation de toutes les règles légales, réglementaires ou ordinales régissant la profession.
L'Avocat doit exercer ses fonctions avec dignité, conscience, indépendance, humanité et respecter dans cet exercice les principes d'honneur, de loyauté, de désintéressement, de confraternité, de délicatesse, de modération et de courtoisie ».

La courtoisie, vertu cardinale exigée de l'Avocat, s'observe, par exemple lorsqu'un Avocat va plaider en Province. Cette règle lui impose de rendre visite au Président de la juridiction, au représentant du Ministère public et à son confrère plaidant pour la partie adverse. Ce respect doit surtout s'étendre au client de

l'Avocat. Le client est la personne qui demande secours, aide, assistance. C'est le malade qui tend la main à son Médecin, c'est l'enfant qui demande l'amour de sa mère. Le rôle de l'Avocat, en ce moment, est d'être courtois, attentif, compréhensif. Tout geste, toute parole est un symbole permettant de décrisper la situation, de dédramatiser la situation car l'Avocat est la protection par essence.

Cette courtoisie s'observe également aux audiences : « L'Avocat, une fois dans la salle d'audience, doit se lever à l'arrivée et à la sortie des Magistrats. Il doit observer le silence quand il n'a pas la parole. Il doit s'abstenir de troubler l'audience par des propos ou des gestes incompatibles avec les règles déontologiques de la profession.
En toutes circonstances, l'Avocat doit s'adresser aux Magistrats avec déférence et courtoisie. Il doit exécuter les injonctions données par les Magistrats » (Article 21 – 3 et 4 du Règlement Intérieur des Avocats).

Section 7 : Le régime disciplinaire

En dehors de toute action disciplinaire, les Premiers Présidents, les Procureurs Généraux, l'Inspecteur Général des Services Judiciaires et les Directeurs Nationaux ont le pouvoir de donner un avertissement aux Magistrats placés sous leur autorité.

En règle générale, cet avertissement n'est effacé automatiquement du dossier qu'au bout de trois ans si aucun nouvel avertissement ou aucune sanction disciplinaire n'est intervenu pendant cette période.

Paragraphe 1 : Le pouvoir disciplinaire

Le pouvoir disciplinaire est exercé, à l'égard des Magistrats du Siège par le Conseil Supérieur de la Magistrature, présidé par le Premier Président de la Cour Suprême et à l'égard des Magistrats du Parquet et des Magistrats de l'Administration Centrale du Ministère de la Justice, par le Ministre de la Justice (Article 8 du Décret N° D/2005/012/PRG/SGG du 1er mars 2005).

C'est la Commission d'Avancement et de Discipline des Magistrats du Parquet et des Magistrats de l'Administration Centrale, saisie par le Ministre de la Justice, présidée par le Procureur Général près la Cour Suprême, qui donne son avis avant toute sanction disciplinaire.

A - Deux procédures méritent une mention particulière :

- La première, celle de l'avertissement, exclut toute intervention du Conseil Supérieur de la Magistrature.

Aux termes de l'article 10 du Décret N° D/2005/012/PRG/SGG du 1er mars 2005 : « En dehors de toute action disciplinaire, l'Inspecteur Général des Services Judiciaires, les Directeurs Nationaux de l'Administration Centrale du Ministère de la Justice et les Procureurs Généraux ont le pouvoir de donner un avertissement aux Magistrats placés sous leur autorité ».

Le second alinéa dispose : « Cet avertissement peut être attaqué devant la Commission d'Avancement et de Discipline ». Alors que le dernier alinéa dispose que : « L'avertissement est effacé automatiquement du dossier au bout de deux ans si aucun nouvel avertissement ou aucune sanction disciplinaire n'est intervenu pendant cette période ».

L'avertissement ne constitue pas une sanction disciplinaire. Mais, l'effacement n'empêche pas le supérieur hiérarchique de tenir compte, dans une notation ultérieure, des faits qui ont motivé l'avertissement.

- La seconde, celle de l'interdiction temporaire des fonctions, prévoit l'intervention du Conseil Supérieur de la Magistrature.

Le Ministre de la Justice saisi d'une plainte ou informé de faits de nature à entraîner des poursuites disciplinaires contre un Magistrat peut, s'il y a urgence, et sur propositions des Chefs hiérarchiques interdire au Magistrat faisant l'objet d'une enquête, l'exercice de ses fonctions jusqu'à décision définitive sur l'action disciplinaire.

L'interdiction temporaire ne comporte pas privation du droit au traitement. Cette décision prise dans l'intérêt du service ne peut être rendue publique. Dans ce cas, le Conseil de discipline doit être saisi dans les trente jours. Passé ce délai, le Magistrat concerné reprend d'office ses fonctions (Article 24 du Statut de la Magistrature).

B - Les observations à retenir :

Il existe des points communs et des différences entre les deux procédures indiquées ci haut.

1 - Les points communs :

L'initiative dans les deux cas appartient au seul Ministre de la Justice. Il doit y avoir urgence et le Magistrat visé doit faire l'objet d'une enquête. Il s'agit d'une décision prise dans l'intérêt du Service qui ne peut être rendue publique. Le Magistrat conserve son traitement. L'interdiction temporaire de fonctions cesse de produire ses effets si, dans les trente jours, le Conseil Supérieur de la Magistrature n'a pas été saisi par le Ministre de la Justice d'une poursuite disciplinaire.

2 - Les différences :

- Pour les Magistrats du Siège, la formation compétente a un pouvoir de décision ;

- Pour les Magistrats du Parquet, la formation compétente donne un avis au Ministre de la Justice. Celui-ci peut entériner cette décision ou la modifier.

Paragraphe 2 : Les sanctions disciplinaires

Tout manquement par un Magistrat aux devoirs de son état, à l'honneur, à la délicatesse ou à la dignité, constitue une faute disciplinaire.

La faute disciplinaire s'apprécie par rapport à quatre dispositions du Statut de la Magistrature :

1 - La première est le contenu du serment prêté par tout Magistrat lors de sa nomination à son premier poste et avant d'entrer en fonctions (Article 7) : « Je jure de bien et loyalement remplir mes fonctions de Magistrat, de rendre impartialement la Justice, de garder scrupuleusement le secret des délibérations et des votes et d'observer en tout, la réserve, l'honneur et la dignité que ces fonctions imposent » ;

2 - La deuxième est l'article 15 : « Les Magistrats, même en position de détachement, n'ont pas le droit d'adhérer à un parti politique et toute manifestation politique leur est interdite.

Leur sont également interdites, toute manifestation d'hostilité au principe ou à la forme du Gouvernement, de même que toute démonstration de nature politique incompatible avec la réserve que leur imposent leurs fonctions, ainsi que toute action concertée susceptible d'arrêter ou d'entraver le fonctionnement des juridictions ».

3 - La troisième réside dans l'article 21 du même Statut : « Tout manquement par un Magistrat aux devoirs de son état, à l'honneur, à la délicatesse ou la dignité, constitue une faute disciplinaire ».

Cette faute s'apprécie, pour un membre du Parquet ou un Magistrat du Cadre de l'Administration Centrale du Ministère de la Justice, compte tenu des obligations qui découlent de sa subordination hiérarchique (Article 9 du Décret N° D/2005/012/PRG/SGG du 1er mars 2005) ;

4 - La quatrième est le troisième alinéa de l'article 42 du Statut qui dispose que : « ...Les Magistrats honoraires sont tenus à la réserve qui s'impose à leur condition ».

Les sanctions disciplinaires applicables aux Magistrats sont :

1 - La réprimande avec inscription au dossier ;
2 - Le déplacement d'office ;
3 - La radiation du Tableau d'avancement ;
4 - Le retrait de certaines fonctions ;
5 - L'abaissement d'échelon ;
6 - La rétrogradation ;
7 - La mise à la retraite d'office ou l'admission à cesser ses fonctions lorsque le Magistrat n'a pas droit à une pension de retraite ;
8) - La révocation avec ou sans suspension des droits à pension.

Une faute ne peut donner lieu qu'à une seule peine, sauf pour les sanctions prévues au 3° et 6° qui peuvent être assorties du déplacement d'office.

Si un Magistrat est poursuivi en même temps pour plusieurs faits, il ne peut être prononcé contre lui qu'une seule sanction, sans préjudice de l'application du paragraphe précédent.

Paragraphe 3 : La procédure

La procédure en matière disciplinaire est réglée par les articles 27 à 34 du Statut de la Magistrature.

C'est le Ministre de la Justice qui dénonce au Conseil Supérieur de la Magistrature les faits motivant la poursuite disciplinaire et qui fait parvenir au Premier Président de la Cour Suprême le dossier personnel du Magistrat mis en cause, ainsi que tous les documents afférents à la poursuite.

Le Magistrat mis en cause, a droit à la communication de son dossier, toutes les pièces de l'enquête et du rapport établi par le Rapporteur. Son Conseil a droit à la communication des mêmes documents.

Le Premier Président de la Cour Suprême, en sa qualité de Président du Conseil de discipline, désigne un rapporteur parmi les membres du Conseil. Il le charge, s'il y a lieu, de procéder à une enquête.

Le Ministre de la Justice, après avis du Conseil Supérieur de la Magistrature, peut interdire au Magistrat incriminé l'exercice de ses fonctions jusqu'à décision définitive. Cette décision ne comporte pas privation du droit au traitement. Elle ne peut être rendue publique.

Au cours de l'enquête, le Rapporteur entend ou fait entendre l'intéressé par un Magistrat ayant au moins son rang et, s'il y a lieu, le plaignant et les témoins. Il accomplit tous actes d'investigations utiles.

Le Magistrat cité est tenu de comparaître en personne. Il peut se faire assister par l'un de ses pairs ou par un Avocat.

En cas de maladie ou d'empêchement reconnu, justifié, il peut se faire représenter par l'un de ses pairs ou par un Avocat.

Lorsqu'une enquête n'a pas été jugée nécessaire ou lorsque l'enquête est complète, le Magistrat est cité à comparaître devant le Conseil de discipline.

Au jour fixé par la citation et après lecture du rapport, le Magistrat déféré est invité à fournir des explications et moyens de défense sur les faits qui lui sont reprochés.

Le Conseil de discipline délibère à huis clos.

Si le Magistrat, hors le cas de force majeure, ne comparaît pas, il peut être passé outre.

La décision du Conseil de discipline qui doit être motivée, n'est susceptible d'aucun recours même devant la Cour Suprême.

La décision rendue est notifiée au Magistrat intéressé en la forme administrative. Elle prend effet du jour de cette notification.

Au regard du texte de Loi, le souci du Législateur est d'éviter la « fonctionnarisation » de la Magistrature. Ce qui a pour conséquence qu'il n'appartient pas à l'Exécutif de suspendre un Magistrat. En le faisant, il viole délibérément la Loi. Son acte peut être soumis à cassation par la partie intéressée.

Section 8 : Les métiers du Magistrat

Le Magistrat guinéen a reçu une formation de généraliste à l'Université. Cette formation a permis, jusqu'à présent, au Magistrat d'exercer au cours de sa carrière professionnelle plusieurs fonctions : Juge du Siège, du Parquet, Juge d'Instruction, etc. Ce changement de fonction se faisant toujours selon la volonté de l'autorité de nomination sans tenir compte parfois de la compétence du Magistrat.

Les Magistrats, comme nous l'avons indiqué plus haut, sont regroupés en deux grands groupes, à savoir les Magistrats du Siège et les Magistrats du Parquet.

Paragraphe 1 : Les Magistrats du Siège

Les Magistrats du Siège ou « Magistrature assise », communément appelés Juges sont plus nombreux.

Du point de vue de la Loi, ils sont inamovibles, c'est-à-dire que nulle promotion ou affectation ne peut être décidée sans leur consentement préalable : Ils sont indépendants et doivent exercer leur fonction en toute liberté, ce qui est la garantie de leur impartialité à l'égard des justiciables.

Les Magistrats du Siège prononcent des jugements sur les litiges qui leur sont soumis par les parties ou sur réquisitoire du Ministère public ou Parquet.

Ils ont pour mission d'appliquer la Loi et de dire le Droit après avoir entendu toutes les parties au procès ou leurs représentants (Avocats, principalement) et le Ministère public.

La Magistrature assise est le domaine de prédilection des femmes-Magistrats. Cette branche de la Magistrature est très délicate car les Juges ont à se prononcer sur le patrimoine, sur la liberté et parfois sur la vie des personnes d'où la nécessité d'avoir de bons Juges connaissant parfaitement le Droit et les textes de Loi, faisant preuve d'une grande moralité pour tenir compte de toutes les circonstances dans lesquelles les faits se sont commis.

Les Magistrats du Siège jouent des rôles très variés. Examinons-les de la Justice de paix à la Cour Suprême.

A- Le Juge de paix :

Le Juge de paix est le Magistrat « aux trois casquettes » : Il est à la fois Procureur de la République, Juge d'Instruction et Juge du Siège. D'ailleurs, il aura bientôt une quatrième en devenant Juge de l'Application des Peines.

L'institution de la fonction de Juge de paix a pour but de maintenir et de développer le principe du rapprochement de la Justice des justiciables : La Justice de paix est la juridiction de proximité par excellence.

Au niveau de la Justice de paix, le Magistrat statue à Juge unique.

Dans de nombreux cas, le Juge de paix partage sa compétence avec le Juge du Tribunal de première Instance.

Le Juge de paix connaît de tous les faits qualifiés de contravention de police commis dans l'étendue de son ressort, ainsi que des délits pour lesquels la Loi lui a spécialement donné compétence.

Saisi d'une affaire criminelle, le Juge de paix instruit ladite affaire qu'il communique au Procureur de la République, après Ordonnance de transmission des pièces au Procureur Général.

Outre les attributions qui lui sont dévolues par les textes particuliers actuellement en vigueur, le Juge de paix connaît :

- De toutes actions civiles, sociales ou économiques ;
- De tous incidents ou difficultés de procédure ou d'exécution et de toutes voies d'exécution ; etc.

Le Juge de paix a aussi une large mission de protection des incapables mineurs ou majeurs : Il est juge des tutelles et a une large compétence en matière gracieuse.

Les rapports avec les justiciables sont très directs puisque la présence d'un Avocat n'est pas obligatoire. Pourtant dans de grandes affaires civiles ou pénales, les Avocats se déplacent pour aller plaider des jours durant en Province.

Généralement seul dans sa juridiction, le Juge de paix est obligé de faire preuve de bon sens, de compréhension de la sociologie de la contrée et surtout d'un sens humain en cherchant avant tout la conciliation des parties avant de trancher. Pour ce faire, il doit être à l'écoute de tout le monde sans pour autant oublier les dispositions légales.

De nos jours, la République de Guinée possède vingt-six Juges de paix dont une seule femme, Mme Mariama DOUMBOUYA à Boffa.

Mme Mariama DOUMBOUYA, Juge de paix de Boffa.

Dans certaines Justices paix, outre le Juge de paix, il y a des Juges d'Instruction. Il en est ainsi de Pita, Coyah, Forécariah, Macenta et Siguiri.

Mme Makoya CAMARA, Juge d'Instruction de Coyah.

B- Le Juge au Tribunal de première Instance :

A l'instar du Juge de paix, le Juge au Tribunal de première Instance statue à juge unique.

Au niveau de chaque Tribunal de première Instance (10 en République de Guinée : Boké, Dixinn, Faranah, Kaloum, Kankan, Kindia, Labé, Mafanco, Mamou et N'Zérékoré), il y a un Président du Tribunal, des Présidents de Section, des Juges et des Juges d'Instruction. Actuellement, une seule femme, Mme Kolou Isabelle CAMARA est Présidente du Tribunal à N'Zérékoré.

Le Juge au Tribunal de première Instance tranche de nombreuses affaires : Civiles, pénales, sociales, économiques et administratives.

1 - Le Président du Tribunal :

Le Président du Tribunal de première Instance (ou le Magistrat désigné par lui ou appelé à le suppléer) :

- Est responsable de la bonne administration de la Justice dans sa Juridiction ;
- C'est lui qui organise et suit le travail du Tribunal en veillant à la bonne distribution des affaires et à leur bon règlement ;
- C'est lui qui organise le remplacement des Magistrats empêchés ;
- C'est lui qui décide de l'affectation des Présidents de Section entre les différentes Sections, à l'exception du Tribunal de première Instance de Conakry où le Président du Tribunal doit requérir l'avis conforme du Ministre de la Justice.

Le Président du Tribunal exerce un pouvoir juridictionnel propre dans tous les cas et selon la procédure prévue par la Loi.

Le Président du Tribunal prend les décisions visées ci-dessus par voie d'Ordonnance non susceptible de recours.

Le Président du Tribunal et le Procureur de la République près le Tribunal de première Instance procèdent à l'inspection des Justices de paix de leur ressort.

Ils s'assurent, chacun en ce qui le concerne, de la bonne administration des Services judiciaires et du règlement normal des affaires.

Ils rendent compte de leurs constatations au Premier Président de la Cour d'Appel et au Procureur Général près la Cour d'Appel.

2 - Les Juges : Qu'ils soient Présidents de Section ou Juges, ces Magistrats du Siège tranchent de nombreuses affaires civiles ou pénales.
Dans les affaires familiales, les Juges du Tribunal de première Instance interviennent en matière de séparation de corps, de divorce. Ils se prononcent également sur les modifications d'exercice de l'autorité parentale, sur la modification de la pension alimentaire.

Il en est de même dans les affaires d'état civil.

En matière pénale, les Juges connaissent de tous les délits, comme les Juges de paix et se prononcent sur l'indemnisation des victimes.

3 - Le Juge d'Instruction:

Le Juge d'Instruction est un Magistrat du Siège nommé sur proposition du Ministre de la Justice, par Décret du Président de la République, et après avis du Conseil Supérieur de la Magistrature.

Il est chargé d'instruire les affaires pénales qui lui sont confiées. Il constitue les dossiers, recherche et inculpe les auteurs d'infractions, éclaire leur personnalité, vérifie et rassemble les preuves.

Le Juge d'Instruction procède, conformément à la Loi, à tous les actes d'information qu'il juge utiles à la manifestation de la vérité (Recherche, inculpation des auteurs d'infractions, vérification des preuves, etc.).

Il a pour mission d'instruire à charge et à décharge. Dans le cadre de sa mission, le Juge d'Instruction peut déléguer certains de ses pouvoirs à la Police ou à la Gendarmerie par commission rogatoire ; il peut aussi ordonner des expertises et des enquêtes de personnalité.

Le Juge d'Instruction décide de l'opportunité de délivrer quatre types de mandats : Le mandat de comparution, le mandat d'amener, le mandat d'arrêt et le mandat de dépôt.

Le mandat de comparution est un ordre donné par le Juge d'Instruction à un inculpé de comparaître devant lui à la date et à l'heure indiquées par ce mandat. Le mandat est utilisé contre l'inculpé dont l'adresse est connue et ne comporte aucun pouvoir coercitif.

- Le mandat d'amener est un ordre donné par le Juge d'Instruction à la force publique de conduire l'inculpé, au besoin par la contrainte, devant lui. Il est utilisé contre l'inculpé dont l'adresse est connue ou qui peut être arrêté sans formalités de diffusion.

- Le mandat d'arrêt est un ordre donné par le Juge d'Instruction de rechercher, d'arrêter et de faire conduire un inculpé à la Maison d'arrêt où il sera reçu et détenu.

- Le mandat de dépôt est un ordre donné par le Juge d'Instruction au Régisseur de prison de recevoir et de détenir un inculpé nommément désigné.

Tout mandat délivré par le Juge d'Instruction ne peut être exécuté avant 6 heures du matin ni après 21 heures.

Des exceptions sont toutefois admises en matière de terrorisme, de lutte contre la drogue, d'atteinte à la sûreté intérieure ou extérieure de l'Etat, de complot, de proxénétisme. Dans ces cas, le mandat peut être exécuté sans tenir compte d'horaires légaux.

Le Juge d'Instruction ne peut informer qu'après avoir été saisi par un réquisitoire du Procureur de la République ou par une plainte avec constitution de partie civile.

Le Juge d'Instruction a l'obligation d'instruire sur les faits qui lui sont soumis.

Deux cas particuliers doivent être distingués de la saisine de droit commun :

- En cas de découverte d'un cadavre, qu'il s'agisse ou non d'une mort violente mais si la cause est inconnue ou suspecte, le Parquet peut ouvrir une information pour recherches des causes de la mort.
- Lorsque le Juge d'Instruction est présent sur les lieux d'un crime ou délit flagrant. Il peut ainsi accomplir lui-même tous actes de Police Judiciaire, ou prescrire aux Officiers de Police Judiciaire de poursuivre leurs opérations. Celles-ci terminées, le Juge transmet les pièces de l'enquête au Procureur de la République qui décidera de la suite à lui donner. Ceci arrive lorsque le Parquet n'a pas ouvert d'information.

Si une information est ouverte, le Juge d'Instruction présent sur les lieux est saisi sans désignation préalable et agit selon les règles du droit commun.

Le Juge d'instruction accomplit de nombreux actes dont les plus importants sont :

- L'interrogatoire de première comparution qui est l'acte au cours duquel le Juge d'Instruction notifie une inculpation à une personne qui comparaît pour la première fois devant lui en qualité d'inculpé ;

- L'interrogatoire de l'inculpé qui est le mode d'instruction par voie de questions posées, d'interpellations faites, d'objections soulevées, d'argumentations opposées par un Magistrat désigné à cet effet ;

- L'audition de la partie civile ou l'audition de toute personne dont le témoignage paraît utile à la manifestation de la vérité ;

- La confrontation qui est la mise en présence d'au moins deux personnes qui peuvent avoir le statut d'inculpé, de témoin ou de partie civile ;

- Le transport sur les lieux en vue d'une reconstitution des faits ou d'une perquisition en tout lieu où peuvent se trouver des objets dont la découverte serait utile à la manifestation de la vérité. Mais ces perquisitions ne peuvent être commencées avant 6 heures du matin ni après 21 heures. Toutefois la perquisition qui débute avant 21 heures peut se poursuivre au-delà ;

- Les saisies qui sont des actes par lesquels le Juge d'Instruction ordonne la saisie de tous objets ou documents susceptibles de servir à la manifestation de la vérité.

Les Ordonnances diverses :

- De non-lieu, lorsque le Juge d'Instruction estime que les faits ne constituent ni crime ni délit ni contravention, ou si l'auteur est resté inconnu, ou s'il n'existe pas charges suffisantes contre l'inculpé ;

- De renvoi devant le Tribunal de police ou le Tribunal correctionnel, lorsque le Juge d'Instruction estime que les faits constituent une contravention ou un délit ;

- De transmission du dossier et des pièces à conviction au Procureur Général s'il estime que les faits constituent un crime, etc.

Considéré comme « le personnage le plus puissant » maître de la liberté, des biens et de l'honneur des citoyens, le Juge d'Instruction, en tant que Juge du Siège est indépendant et inamovible. Partant, le Juge d'Instruction, comme tous les Magistrats du Siège, dépend disciplinairement du Conseil Supérieur de la Magistrature.

Il est établi auprès de chaque Tribunal de première Instance ou Justice de paix un ou plusieurs Juges d'Instruction lorsque les besoins de service l'exigent.[15]

---

[15] *A ce jour, le nombre des Juges d'Instruction est le suivant :*
a) - Au niveau des Tribunaux de première Instance : - TPI Kaloum : 3 ; TPI Kindia : 2 ; TPI Mamou : 1 ; TPI Labé : 2 ; TPI Boké : 1 ; TPI Faranah : 1 ; TPI Dixinn : 4 ; TPI Mafanco : 3 ; TPI Kankan : 1 ; TPI N'zérékoré : 1
b) - Au niveau des Justices de paix : Coyah : 1 ; Pita : 1 ; Macenta : 1 ; Siguiri : 1 ; Forécariah : 1 ; Kissidougou : 1.

Véritable « laboratoire » de la procédure, le Juge d'Instruction doit faire preuve dans ce travail gigantesque d'un esprit d'impartialité, d'efficacité en centrant l'ensemble de ses activités sur le respect dû aux règles édictées par le Code de procédure pénale et le respect des droits de la défense gage certain de la protection des libertés individuelles.

4 - Le Juge des enfants :

Dans les Tribunaux de première Instance et dans les Justices de paix comprenant deux ou plusieurs Magistrats, le Juge des enfants est désigné par Ordonnance du Président ou du Juge de paix, compte tenu de ses aptitudes et de l'intérêt qu'il porte aux questions de l'Enfance.

Dans les justices de paix, le Juge de paix est chargé des fonctions de Juge des enfants.

En cas d'empêchement momentané du titulaire, le Président du Tribunal de première Instance désigne par Ordonnance l'un des Juges de ce Tribunal pour le remplacer.

Les fonctions de Juge des enfants peuvent être cumulées avec d'autres fonctions judiciaires.

Le Juge des enfants effectue toutes diligences et investigations utiles pour parvenir à la manifestation de la vérité et à la connaissance de la personnalité du mineur ainsi que des moyens appropriés à sa rééducation.

A cet effet, il procède à une enquête, soit par voie officieuse, soit dans les formes prévues par le Code de procédure pénale.

Il recueille par une enquête sociale des renseignements sur la situation matérielle et morale de la famille, sur le caractère et les antécédents du mineur, sur sa fréquentation scolaire, son attitude à l'école, sur les conditions dans lesquelles il a vécu ou a été élevé.

Le Juge des enfants ordonne un examen médical et il peut, lorsque les circonstances le permettent, ordonner un examen médico-psychologique ; il décide, le cas échéant, le placement du mineur dans un Centre d'accueil ou dans un Centre d'observation.

Toutefois, il ne peut, dans l'intérêt du mineur, n'ordonner aucune de ces mesures ou ne prescrire que l'une d'elles. Dans ce cas, il rend une Ordonnance motivée.

Le Juge des enfants prévient des poursuites les parents, tuteurs ou gardiens connus. A défaut de choix d'un Avocat par le mineur ou son représentant légal, il désigne ou fait désigner par le Bâtonnier un Avocat d'office.

Dans les juridictions au siège desquelles ne réside pas d'Avocat, il est désigné un Avocat choisi parmi les personnes présentant toutes garanties désirables. Il peut charger de l'enquête sociale les Services sociaux, ou les personnes titulaires d'un Diplôme du Service social, ou à défaut, les Officiers de Police judiciaire.

Le Juge des enfants peut confier provisoirement le mineur :

- A ses parents, à son tuteur ou à la personne qui en avait la garde, ainsi qu'à une personne digne de confiance ;
- A un Centre d'accueil ;
- A une Section d'accueil d'une Institution publique ou privée habilitée à cet effet ;
- Au Service de l'assistance à l'enfance ou un établissement hospitalier ;
- A un Etablissement ou une Institution d'éducation, de formation professionnelle ou de soin, de l'Etat ou d'une Administration publique habilitée.

S'il estime que l'état physique ou psychologique du mineur justifie une observation approfondie, il peut ordonner son placement provisoire dans un Centre d'observation institué ou agréé par le Ministre de la Justice.

La garde provisoire peut, le cas échéant, être exercée sous le régime de la liberté surveillée.

La mesure de garde est toujours révocable (Article 710 à 712 du Code de procédure pénale).

5 - Le Juge de l'application des peines (JAP) :

Innovation importante contenue dans le Nouveau Code de procédure pénale, le Juge de l'Application des Peines est un Magistrat du Siège qui, dans les Tribunaux dont la liste est établie par Arrêté du Ministre de la Justice est chargé de suivre l'exécution des peines privatives et restrictives de liberté.

Le Juge de l'Application des Peines détermine pour chaque condamné les principales modalités de son traitement pénitentiaire en accordant notamment le placement à l'extérieur, la semi-liberté et les permissions de sortir. Il peut prendre l'initiative de faire établir une proposition de libération conditionnelle. Dans les établissements où le régime est progressivement adapté au degré d'amendement et aux possibilités de reclassement du condamné, il prononce son admission aux différentes phases de ce régime.

Le placement à l'extérieur permet au condamné d'être employé en dehors d'un Etablissement pénitentiaire à des travaux contrôlés par l'Administration.

Le régime de semi-liberté comporte le placement en dehors, sans surveillance continue et dans les conditions de travail des salariés libres, avec toutefois l'obligation de réintégrer la prison chaque soir et d'y passer les jours fériés ou chômés.

Les permissions de sortir autorisent un condamné à s'absenter d'un Etablissement pénitentiaire pendant une période de temps déterminé qui s'impute sur la durée de la peine en cours d'exécution.
Un Décret détermine les conditions auxquelles ces diverses mesures sont accordées et appliquées (Articles 777 et 778 du Code de procédure pénale).

6 - Le Juge de la mise en état :

Le Nouveau Code de procédure civile, économique et administrative a introduit une procédure de mise en état au caractère inquisitorial marqué faisant ainsi preuve d'une grande modernité dans notre Droit.

La concertation judicieuse entre Magistrats, Avocats en y associant les autres praticiens du Droit a été perçue comme une condition d'efficacité de la nouvelle procédure.

Le souci du Législateur de poser les fondements d'une instruction individualisée, respectueuse de l'égalité des armes entre les parties au procès, et placée sous le contrôle d'un Juge disposant de pouvoirs renforcés dans la maîtrise du déroulement de l'instance, a pour but fondamental la recherche permanente d'une bonne administration de la Justice, dans l'intérêt majeur des justiciables.

Le Juge de la mise en état est un Magistrat du Siège chargé de suivre devant les juridictions civiles, la bonne marche de la procédure afin qu'elle se déroule rapidement et ponctuellement par l'échange des conclusions et la communication des pièces.

Les principales attributions du Juge de la mise en état sont précisées à l'article 82 du Nouveau Code de procédure civile, économique et administrative.

Le Juge de la mise en état peut notamment :

« - Inviter les parties, leurs Conseils, leurs représentants ou mandataires, à présenter leurs prétentions respectives, des conclusions soit écrites, soit orales ; dans ce dernier cas, elles font l'objet d'un procès-verbal ;
- Convoquer les parties, leurs Conseils, leurs représentants ou mandataires aussi souvent qu'il le juge nécessaire, leur faire toutes communications utiles, leur adresser des injonctions, procéder à leur conciliation, même partielle, et en dresser procès-verbal signé par les deux parties si elles le savent et le peuvent, ou en faire mention dans le cas contraire. Il leur donne acte de leur désistement ;

- Autoriser ou réclamer le dépôt de conclusions additionnelles, ainsi que de toutes pièces utiles, en original ou en copie, sauf au Tribunal à tirer toutes conséquences d'une abstention ou d'un refus ;
- Procéder à une enquête d'office ou à la demande des parties ou commettre un Juge d'un autre ressort à cet effet ;
- Ordonner une expertise, une vérification d'écriture, une descente sur les lieux, la comparution personnelle des parties, déférer d'office le serment, ou commettre un Huissier de Justice pour procéder à des constatations ;
- Recevoir ou ordonner toute intervention, prescrire la jonction de deux ou plusieurs instances instruites par ses soins, sauf au Tribunal de prescrire, le cas échéant, la disjonction ;
- Statuer sur les exceptions de communication de pièces et de nullité d'acte, ainsi que sur les demandes de provision ad litem ;
- Se prononcer sur les demandes de provision sur dommages et intérêts lorsque la responsabilité n'est pas contestée ou a été établie par une décision passée en force de chose jugée ;
- Ordonner même d'office une mise sous séquestre ou toutes mesures conservatoires ».

En outre, le Juge de la mise en état prononce les mesures sur les demandes incidentes, additionnelles et reconventionnelles, les interventions, interruptions, reprises et péremptions d'instance, sur les défenses, les exceptions et fins de non recevoir, par Ordonnance, les parties entendues ou appelées (Article 84 du Nouveau Code de procédure civile, économique et administrative).

C- Les Magistrats du Siège de la Cour d'Appel :

En instituant la règle du double degré de juridiction, le Législateur entend permettre au justiciable non satisfait de la décision rendue par un seul Juge qu'un Collège de Magistrats « rejuge » la décision contestée. C'est le rôle des Juges à la Cour d'Appel.

Au niveau du Siège de la Cour d'Appel, nous avons le Premier Président, les Présidents de Chambre et les Conseillers chargés de « rejuger » toutes les affaires civiles, pénales, sociales, économiques (commerciales) et administratives.

1 - Le Premier Président :

Le Premier Président est la première autorité judiciaire au niveau des Magistrats du Siège.

Avec le Procureur Général près la Cour d'Appel, il administre les Services judiciaires du ressort de la Cour d'Appel, il est répartiteur des dotations budgétaires et est chargé avec ce dernier de veiller au bon fonctionnement des juridictions de son ressort et de les inspecter.

Le Premier Président est l'autorité de notation et a un certain pouvoir disciplinaire sur les Magistrats du Siège de la Cour d'Appel.

Le Premier Président de la Cour d'Appel est responsable de la bonne administration de la Justice dans sa Juridiction.

A ce titre, et sans que cette liste soit limitative, le Premier Président :

- Fixe, en accord avec le Ministre de la Justice, le calendrier judiciaire de la Cour d'Appel ;
- Tranche les conflits de compétence entre Chambres ;
- Exerce, dans les limites de la Loi Organique portant création du Conseil Supérieur de la Magistrature, le pouvoir de discipline sur les Magistrats du Siège de la Cour et ceux des juridictions de son ressort ;
- Organise et suit le travail de la Cour en veillant à la bonne distribution des affaires et à leur règlement ;
- Soumet à l'Assemblée générale, pour adoption, le Règlement intérieur de la Cour ;
- Décide, sous réserve des dispositions de l'article 19 de la Loi d'organisation L/98/014/AN du 16 juin 1998, de l'affectation des Magistrats du Siège entre les différentes Chambres et Sections de la Cour ;
- Pourvoit au remplacement des Magistrats du Siège empêchés ;
- Convoque et préside l'Assemblée générale de la Cour.

Le Premier Président de la Cour prend toutes les décisions visées ci haut par voie d'Ordonnance non susceptible de recours.

- Le Premier Président exerce un pouvoir juridictionnel de Juge unique dans tous les cas et selon la procédure prévue par la Loi ;
- Le Premier Président juge de l'exequatur des décisions arbitrales ;
- Aux termes des dispositions de l'article 27 du Décret N/D/2001/031/PRG/SGG du 17 mai 2001 portant amendement de certaines dispositions de la Loi l/98/014/AN du 16 juin 1998 modifiant la Loi L/95/021/CTRN du 6 juin 1995 réorganisant la Justice en Guinée, désormais, le Premier Président peut présider toute Chambre de la Cour d'Appel quant il le juge nécessaire.

- Il préside l'audience solennelle, sur renvoi de la Cour Suprême, pour le serment et les installations des Magistrats, pour le contentieux des décisions des Ordres d'Avocats du ressort de la Cour ;

- Il est Juge des référés en matière de suspension de l'exécution provisoire ordonnée par un jugement de Tribunal du premier Instance ou de la Justice de paix ;

- Il est Juge d'appel en matière d'honoraires d'Avocats ou d'experts.

2 - Les Présidents de Chambre :

Chaque Cour d'Appel est divisée en Chambres spécialisées ayant à leurs têtes un Président de Chambre.

Les Présidents de Chambre sont des Magistrats d'un haut grade ayant des compétences requises.

Le nombre de Présidents de Chambres varie selon l'importance de la Cour. A la Cour d'Appel de Conakry, par exemple, les Présidents de Chambre sont au nombre de huit contre quatre à la Cour d'Appel de Kankan.

Les affectations des Présidents des différentes Chambres de la Cour d'Appel se font par Ordonnance du Premier Président après avis conforme du Ministre de la Justice, Garde des Sceaux.

Chaque Chambre connaît des affaires dont l'objet principal appartient à son domaine de compétence.

Tout conflit de compétence est réglé par le Premier Président de la Cour d'Appel.

La Cour d'Appel de Conakry comprend actuellement huit Chambres :

- Quatre Chambres pour les affaires civiles, sociales et administratives ;
- Deux Chambres Economiques ;
- Une Chambre d'Accusation et
- Une Chambre des appels correctionnels.

Celle de Kankan comprend, quatre Chambres :

- Deux Chambres pour les affaires civiles, économiques, administratives et sociales ;
- Une Chambre d'Accusation ;
- Une Chambre des appels correctionnels.

Chacune des Chambres qui composent la Cour comporte au moins trois Magistrats qui statuent sous forme collégiale.

3 - Les Conseillers :

Chaque Cour d'Appel est composée de Magistrats appelés « Conseillers »[16] dont le nombre varie en fonction de la Cour.

La Cour d'Appel de Conakry comprend onze Conseillers contre six à la Cour d'Appel de Kankan.

---

[16] *Le terme « Conseillers » vient du temps en France lorsque le Roi prenait conseil de ses jurisconsultes que l'on appelait les « Conseillers de robe longue »*

D- Les Magistrats du Siège de la Cour Suprême :

Les Hauts Magistrats du Siège de la Cour d'Appel sont : Le Premier Président de la Cour, les Présidents de Chambre, les Conseillers, les Magistrats référendaires et les Auditeurs.

1 - Le Premier Président :

Nommé par le Président de la République, après avis du Président de l'Assemblée Nationale, le Premier Président de la Cour Suprême est le premier Magistrat judiciaire de la République de Guinée.

Le Premier Président de la Cour Suprême a un rôle administratif, un rôle disciplinaire mais aussi juridictionnel :

- Rôle administratif et disciplinaire : Le Premier Président est chargé de l'administration et de la discipline de la Cour Suprême.

Il gère les crédits de fonctionnement qui lui sont délégués.

Il est assisté, d'une part, du Bureau de la Cour formé, sous sa présidence, du Procureur Général, des Présidents de Chambre et du Premier Avocat Général et, d'autre part, d'un Secrétaire Général nommé par Décret et choisi parmi les Conseillers et les Avocats Généraux.

C'est le Premier Président de la Cour Suprême qui préside le Conseil de discipline du Conseil Supérieur de la Magistrature.

- Rôle juridictionnel : Ce haut Magistrat préside généralement la Chambre Constitutionnelle et Administrative mais peut présider, quant il le juge convenable, toute formation juridictionnelle de la Cour Suprême.

2 - Les Présidents de Chambre :

Les Présidents de Chambre sont choisis parmi le Premier Avocat Général, les Conseillers, les Avocats Généraux, le Premier

Président de la Cour d'Appel et le Procureur Général près la Cour d'Appel.

Il y a actuellement trois Chambres : La Chambre constitutionnelle et administrative (généralement présidée par le Premier Président de la Cour Suprême, Maître Lamine SIDIME), la Chambre civile, pénale, commerciale et sociale (présidée par Hadja Aïssatou BALDE, « Baldette » et la Chambre des Comptes (présidée par Dr. Ansoumane CAMARA).

3 - Les Conseillers :

Les Conseillers sont choisis parmi les Magistrats ayant quinze ans d'ancienneté, les Avocats et les Professeurs titulaires des Facultés de Droit ayant dix ans d'exercice de leur profession et les fonctionnaires de la hiérarchie A comptant vingt années de service public et titulaires d'une Maîtrise en Droit ou d'un Diplôme admis en équivalence de la Maîtrise en Droit.

Ils assistent les Présidents de Chambre dans toutes les activités juridictionnelles.

4 - Les Magistrats référendaires :

Les Magistrats référendaires sont des Magistrats des Cours et Tribunaux affectés à la Chambre des Comptes de la Cour Suprême. Pendant la durée de leur affectation ils accèdent aux divers emplois de leur grade et peuvent bénéficier de l'avancement dans les conditions fixées par le Statut de la Magistrature pour un Magistrat du Siège. En matière d'avancement, le temps de service en position d'affectation en qualité de Magistrat référendaire est pris en compte pour la totalité de sa durée.

5 - Les Auditeurs à la Cour Suprême :

Les Auditeurs à la Cour Suprême sont choisis par voie de concours, dont les modalités sont fixées par Décret, parmi les Magistrats des Cours et Tribunaux du Deuxième groupe du Deuxième grade, titulaires d'une Maîtrise en Droit ou d'un Diplôme admis en équivalence de la Maîtrise en Droit.

E- Les Magistrats du Siège des juridictions d'exception :

Il s'agit des juridictions suivantes : La Cour d'Assises de droit commun, la Cour d'Assises des mineurs, le Tribunal du Travail, le Tribunal pour enfant, le Tribunal Militaire et la Haute Cour de Justice.

1 - Au niveau de la Cour d'Assises de droit commun :

Celle-ci comporte deux éléments distincts : L'un professionnel ou Cour proprement dite et les Jurés.

La Cour proprement dite comprend trois Magistrats : Le Président des Assises et deux Assesseurs.

- Le Président des Assises est soit le Premier Président, soit fréquemment un Président de Chambre ou même un Conseiller à la Cour désigné pour la session par le Premier Président de la Cour d'Appel.

- Les Assesseurs choisis par le Premier Président, sont des Conseillers à la Cour ou des Magistrats du Tribunal de première Instance ou de la Justice de paix du lieu où siègent les Assises à la condition qu'ils n'aient pas participé à la poursuite ou à l'instruction des affaires;

- Les Jurés sont des citoyens choisis pour leur intégrité pour former le Jury de jugement. D'où le nom de juridiction populaire souvent donné à la Cour d'Assises.

2 - Au niveau de la Cour d'Assises des mineurs : Il y a le Président de la Cour d'Assises des mineurs, des Assesseurs et des Jurés.

- Le Président de la Cour d'Assises des mineurs est désigné et remplacé, s'il y a lieu, dans les conditions prévues pour le Président de la Cour d'Assises de droit commun.

- Les Assesseurs Magistrats sont pris, sauf impossibilité, parmi les Juges des enfants du ressort de la Cour d'Assises.

- Les Jurés sont ceux tirés au sort pour la session de la Cour d'Assises. Ils sont au nombre de six dans cette procédure criminelle.

3 - Au niveau du Tribunal du Travail :

La composition est la suivante : Un Président du Tribunal, Magistrat, un Vice-président, Magistrat, des Assesseurs employeurs et des Assesseurs travailleurs.

Les Assesseurs sont choisis sur une liste annuelle arrêtée par le Ministre de la Justice, sur proposition du Ministre chargé du Travail.

Le Président du Tribunal désigne, pour chaque affaire, les Assesseurs employeurs et les Assesseurs travailleurs appartenant à la catégorie intéressée.

En cas d'empêchement, les Assesseurs titulaires sont remplacés par les Assesseurs suppléants.

4 - Au niveau du Tribunal pour enfant : Il y a le Président du Tribunal pour enfant, un ou des Juges, des Assesseurs et parfois un Juge d'Instruction.

- Le Président du Tribunal pour enfant est le Juge des enfants. Celui-ci est un Magistrat du Siège d'un Tribunal de première Instance ou d'une Justice de paix désigné à cet effet par Ordonnance du Président de la juridiction compte tenu de ses aptitudes et de l'intérêt qu'il porte aux questions de l'Enfance.

- Les Assesseurs titulaires et suppléants sont nommés par Arrêté du Ministre de la Justice pour quatre ans. Ils sont choisis parmi les personnes de l'un ou de l'autre sexe âgées de plus de 30 ans, ressortissant de la République de Guinée et s'étant signalées par l'intérêt qu'elles portent aux questions de l'Enfance et par leur compétence.

- Des Juges et un Juge d'Instruction peuvent faire partie d'un Tribunal pour enfants.

5 - Au niveau du Tribunal Militaire :

Le Tribunal Militaire est composé ainsi qu'il suit :

En matière de délit et de contravention :

- Un Président : Magistrat de l'ordre judiciaire ;
- Quatre assesseurs : Un Magistrat de l'ordre judiciaire assisté de trois militaires d'un grade égal ou supérieur à celui du prévenu ;

En matière de crime :

- Un Président : Magistrat de l'ordre judiciaire ;
- Six assesseurs : Deux Magistrats de l'ordre judiciaire assisté de quatre Juges militaires d'un grade égal ou supérieur à celui du prévenu.

Les fonctions de Juges d'Instruction sont assumées par des Magistrats de l'ordre judiciaire.

Tous ces Magistrats énumérés dans la composition du Tribunal Militaire sont en position de détachement auprès du Ministère de la Défense Nationale.

6 - Au niveau de la Haute Cour de Justice :

La Haute Cour de Justice se compose d'un Président et de six Juges titulaires.

- Le Président de la Haute Cour de Justice est un Magistrat de l'ordre judiciaire élu par l'Assemblée générale de la Cour Suprême au scrutin secret et à la majorité absolue des membres la composant.

L'Assemblée générale de la Cour Suprême élit dans les mêmes conditions un Président suppléant.

Il est procédé dans les mêmes conditions au remplacement du Président et du Président suppléant lorsque ceux-ci cessent leurs fonctions pour quelque cause que ce soit.

Elle comprend, en outre, un Président suppléant et trois Juges suppléants.

Le Président suppléant remplace d'office le Président titulaire en cas d'empêchement.

Tout Juge titulaire absent ou empêché de siéger est remplacé par un suppléant tiré au sort parmi les suppléants élus. Il est procédé publiquement au tirage au sort.

Les Juges titulaires et suppléants sont élus parmi les Députés à l'Assemblée Nationale.

L'élection des Juges titulaires et suppléants a lieu au scrutin uninominal par vote secret, à la majorité absolue des Députés et dans le mois qui suit la première séance de l'Assemblée Nationale après le renouvellement général.

Il est procédé dans les mêmes formes de scrutin au remplacement des Juges titulaires ou suppléants dont les fonctions ont pris fin avant leur terme normal pour quelque cause que ce soit.

Dès leur élection, les Juges titulaires et les Juges suppléants prêtent serment devant l'Assemblée Nationale.

Il est créé auprès de la Haute Cour de Justice une Commission d'Instruction composée de trois titulaires et d'un membre suppléant.

Ceux-ci désignés à la fin de chaque année judiciaire, pour l'année suivante, parmi les Magistrats du Siège de la Cour d'Appel par l'Assemblée générale de la Cour d'Appel siégeant hors la présence des membres du Parquet.

Son Président est choisi dans la même forme parmi les membres titulaires.

Paragraphe 2 : Les Magistrats du Parquet

Les Magistrats du Parquet, « Magistrature debout » ou Ministère public ont pour mission de représenter la Société, d'exercer l'action publique et de faire appliquer la Loi. Moins nombreux par rapport à leurs collègues du Siège ils sont soumis au pouvoir hiérarchique du Ministre de la Justice qui peut leur donner des ordres. Ils ne sont pas inamovibles comme les Magistrats du Siège.

On parle de Magistrature « debout » parce qu'ils se lèvent à l'audience pour requérir devant le Tribunal ou la Cour.

Les Magistrats du Ministère public assistent à tous les débats des juridictions et toutes les décisions sont prononcées en leur présence après qu'ils aient développé librement les observations qu'ils ont jugé convenables au bien de la Justice.

Examinons la représentation des Magistrats du Parquet devant les juridictions guinéennes.

A l'exception de la Justice de paix et du Tribunal du Travail, le Ministère public est représenté au sein de toutes les juridictions :

A- Au niveau du Tribunal de première Instance : Le Ministère public est représenté par le Procureur de la République et ses Substituts.

1 - Le Procureur de la République :

Le mot « Procureur » vient du latin pro curare, qui signifie « pour soigner ».

Pièce maîtresse de la chaîne pénale, c'est le Procureur de la République qui reçoit les plaintes et dénonciations et apprécie la suite à leur donner. Il procède ou fait procéder à tous les actes nécessaires à la recherche et à la poursuite des infractions à la Loi pénale.

Le Service du Procureur de la République s'appelle le Parquet.

Au début de chaque année judiciaire, le Procureur de la République repartit les Magistrats du Parquet entre les Sections du Tribunal de première Instance et les divers Services du Parquet.

Il peut, pour juste motif, modifier cette répartition et en cas de nécessité exercer lui-même les fonctions qui leur a spécialement délégué.

Le Procureur de la République est chargé de la gestion matérielle et financière du Tribunal. Il se concerte, à cet effet avec le Président du Tribunal qui est cosignataire de tous les actes de gestion.

Il intervient efficacement dans le processus de la chaîne pénale depuis les actions de la Police Judiciaire en passant par le Cabinet d'Instruction jusqu'au jugement.

Le Procureur de la République intervient également dans le domaine de la Justice civile (pour des changements de nom, les questions d'adoption...) et peut prendre la parole dans toutes affaires civiles qu'il juge nécessaire. De nombreuses affaires lui sont obligatoirement communiquées. Il en est ainsi, par exemple dans les affaires concernant l'Etat et les Collectivités décentralisées, dans les affaires relatives à l'état et à la capacité des personnes, etc.

Son intervention est aujourd'hui bien appréciée de nos jours dans les procédures de nature économiques (commerciales).

En cas d'absence ou d'empêchement, le Procureur de la République est suppléé par le Substitut le plus ancien suivant l'ordre de nomination.

2 - Les Substituts du Procureur de la République :

Selon la juridiction, le nombre de Substitut varie. Véritable homme ou femme de terrain, le Substitut joue un rôle très important dans le processus de la chaîne pénale car, sous les instructions du Procureur de la République, le Substitut :

- Dirige l'activité des Services de la Police Judiciaire ;
- Participe activement au déroulement des audiences qu'elles soient pénales ou civiles ;
- Rédige les réquisitoires ;
- Participe aux interrogatoires ou aux confrontations organisés par le Juge d'Instruction ;
- Participe aux transports sur les lieux ;
- Assure la permanence du Parquet, etc.

B- Au niveau de la Cour d'Appel :

Le Parquet près la Cour d'Appel appelé Parquet Général est dirigé par un Procureur Général assisté d'un ou de plusieurs Avocats Généraux et de Substituts Généraux.

Le Parquet Général comprend des Avocats Généraux (Deux à Conakry, contre un seul à Kankan) et des Substituts Généraux (Huit à Conakry et deux à Kankan).

1 - Le Procureur Général représente en personne, par ses Avocats Généraux ou ses Substituts Généraux le Ministère public auprès de la Cour d'Appel ou de la Cour d'Assises.

Il assure la discipline des membres du Parquet près la Cour ainsi que ceux des Juridictions de son ressort et des auxiliaires de Justice.

Il veille à la bonne exécution des décisions judiciaires.

Il procède à l'inspection des Parquets, des Services de Police judiciaire et des Etablissements pénitentiaires de son ressort.

Le Procureur Général est chargé de la gestion matérielle et financière de la Cour. Il consulte, à cet effet, le Premier Président de la Cour d'Appel.

En cas d'empêchement le Procureur Général est remplacé par l'Avocat Général ou par le Substitut Général le plus ancien suivant l'ordre de nomination.

Le Procureur Général porte la parole aux audiences solennelles lorsqu'il l'estime nécessaire.

Le Procureur Général impulse et coordonne les politiques pénales. Avec ses Avocats Généraux, il s'occupe de certaines affaires en raison de leur gravite, de leur résonance médiatique ou des personnes Institutions mises en cause.

Il entretient les relations avec le Ministère de la Justice, les Parquets de son ressort, les élus et autres responsables des Administrations publiques.

Selon son opportunité, il peut siéger lors des sessions d'Assises.

C'est le Procureur Général qui est l'autorité chargée de l'habilitation et de la notation des Officiers de Police Judiciaire.

2 - Les Avocats Généraux :

Un Avocat Général est un Magistrat du Parquet qui représente le Ministère public soit devant la Cour Suprême, soit devant la Cour d'Appel ou la Cour d'Assises.

Il a pour rôle de réclamer l'application de la Loi et de veiller aux intérêts généraux de la Société. Il n'est donc ni membre du Barreau ni le chef des Avocats.

Au niveau de la Cour Suprême, les travaux des Avocats Généraux sont coordonnés par le Premier Avocat Général.

Au niveau de la Cour d'Appel, l'Avocat Général coordonne les travaux des Substituts Généraux.

Avec le Procureur Général, les Avocats Généraux s'occupent du suivi de l'action publique quotidienne, de la rédaction de certains réquisitoires ou du courrier du Parquet Général, de l'audiencement des procédures correctionnelles ou criminelles avec les Substituts Généraux, de l'exploitation des notices mensuelles des Juridictions de leur ressort, de l'exploitation des notices mensuelles ou trimestrielles des Juges d'Instruction, de l'établissement des tableaux de roulement (audiences, permanences,...), de l'entraide répressive internationale et des extraditions, du contentieux de la rétention administrative des étrangers, des relations avec les formations civile, commerciale et sociale de la Cour d'Appel, des réquisitions écrites et de la prise de parole devant ces formations, du suivi du contentieux de l'aide juridictionnelle, etc.

3 - Les Substituts Généraux :

- Exécutent les instructions du Procureur Général sous la coordination des Avocats Généraux ;

- Rédigent les réquisitoires et assistent aux audiences de toutes les formations juridictionnelles de la Cour d'Appel ;

- Suivent, l'exécution des peines prononcées par la Chambre correctionnelle, la Chambre Spéciale des Mineurs et la Cour d'Assises de droit commun (ou des mineurs) au niveau des établissements pénitentiaires en liaison avec les Juges d'Application des Peines, etc.

C- Au niveau de la Cour Suprême : Le Ministère public est représenté par le Procureur Général, le Premier Avocat Général et les Avocats Généraux.

1 - Le Procureur Général : Choisi parmi le Premier Avocat Général, les Présidents de Chambre, les Conseillers, les Avocats Généraux, le Premier Président de la Cour d'Appel et le Procureur Général près la Cour d'Appel, le Procureur Général près la Cour Suprême

2 - Le Premier Avocat Général est choisi parmi les Conseillers, les Avocats Généraux, le Premier Président de la Cour d'Appel et le Procureur Général prés la Cour d'Appel.

3 - Les Avocats Généraux : Au nombre de deux portent la parole au nom du Ministère public pour la défense des intérêts de la Société. Ils ont à leur tête le Premier Avocat Général qui coordonne leurs taches en suivant les instructions du Procureur Général près la Cour Suprême.

D- Au niveau des juridictions d'exception :

1 - Au niveau du Tribunal pour enfants :

Les fonctions du Ministère public sont assurées par le Procureur de la République ou par un de ses Substituts.

2 - Au niveau du Tribunal Militaire :

Les fonctions du Ministère public sont remplies par un Procureur Militaire assisté de Substituts militaires, tous nommés par Décret, sur proposition du Ministre de la Défense Nationale.

3 - Au niveau de la Cour d'Assises de droit commun :

Les fonctions du Ministère public sont remplies par le Procureur Général, l'Avocat Général ou un Substitut Général.

4 - Au niveau de la Cour d'Assises des mineurs :

Les fonctions du Ministère public sont remplies par les membres du Ministère public près la Cour d'Appel, à savoir le Procureur Général, l'Avocat Général ou un Substitut Général.

5 - Au niveau de la Haute Cour de Justice :

Le Ministère public près la Haute Cour de Justice est exercé par le Procureur Général près la Cour Suprême assisté du Premier Avocat Général.

REPARTITION DES MAGISTRATS

Juridictions	Magistrats du Siège	Magistrats du Parquet
Justice de paix (26)	- Le Juge de paix ; - Un ou plusieurs Juges ; - Un ou plusieurs Juges d'Instruction.	Il n'y a pas de Ministère public au niveau de la Justice de paix.
Tribunal de première Instance (10)	- Un Président du Tribunal ; - Des Président (es) de Section ; - Des Juges ; - Des Juges d'Instruction.	- Un Procureur de la République ; - Des Substituts du Procureur.
Cour d'Appel (2)	- Un Premier Président ; - Des Présidents de Chambre ; - Des Conseillers.	- Un Procureur Général ; - Un ou plusieurs Avocats Généraux ; - Un ou plusieurs Substituts Généraux.
Cour Suprême (1)	- Un Premier Président ; - Des Présidents de Chambre ; - Des Conseillers ; - Des Magistrats référendaires ; - Des Auditeurs.	- Un Procureur Général ; - Un Premier Avocat Général ; - Des Avocats Généraux.

JURIDICTIONS D'EXCEPTION :		
Cour d'Assises (Droit commun)	- Un Président des Assises; - Des Assesseurs ; - Des Jurés.	- Un Procureur Général ; - Un ou plusieurs Avocats Généraux ; - Un ou plusieurs Substituts Généraux.
Cour d'Assises des mineurs	- Un Président des Assises; - Des Assesseurs ; - Des Jurés.	- Un Procureur Général ; - Un ou plusieurs Avocats Généraux ; - Un ou plusieurs Substituts Généraux.
Tribunal du Travail	- Un Président du Tribunal ; - Un Vice-président.	Il n'y a pas de Ministère public au niveau du Tribunal du Travail.
Tribunal pour enfants	- Un Président du Tribunal ; - Un ou des Juges ; - Des Assesseurs ; - Un Juge d'Instruction.	- Un Procureur de la République ; - Des Substituts du Procureur.
Tribunal Militaire	- Un Président ; - Des Assesseurs ; - Un Juge d'Instruction.	- Un Procureur Militaire; - Substituts Militaires.
Haute Cour de Justice	- Un Président ; - Des Juges titulaires et suppléants ; - Un Juge d'Instruction.	- Le Procureur Général près la Cour Suprême; - Le Premier Avocat Général.

E- Les Magistrats à la Chancellerie :

Les Magistrats à l'Administration Centrale du Ministère de la Justice sont chargés, sous l'autorité du Ministre de la Justice, d'élaborer les politiques judiciaires et de préparer les textes législatifs ou réglementaires.

Les Magistrats à l'Administration Centrale sont essentiellement ceux du Cabinet du Ministre, des Directions Nationales, les Chefs de Section des Directions Nationales et ceux de l'Inspection Générale des Services Judiciaires.

Section 9 : La rémunération du Magistrat

Les Magistrats perçoivent une rémunération mensuelle qui comprend le traitement et des accessoires.

Le traitement et les accessoires sont fixés pour chaque grade et chaque échelon, par Décret du Président de la République.

Par traitement, il faut entendre la contrepartie du service assuré par le Magistrat.

S'il n'est pas concevable que les Magistrats « négocient » directement leur salaire avec l'Etat, l'Association des Femmes Juristes ou l'Association des Magistrats de Guinée peuvent bien formuler des recommandations dans ce sens au Gouvernement.

Ce qui est essentiel, comme l'indique l'article 13 du Statut Universel du Juge approuvé à l'unanimité par le Conseil Central de l'Union Internationale des Magistrats lors de sa réunion à Taipei (Taiwan) le 17 novembre 1999, « Le Juge doit recevoir une rémunération suffisante pour assurer son indépendance économique.
La rémunération ne doit pas dépendre du résultat de l'activité du Juge et ne doit pas être réduite pendant la durée de son service professionnel.
Le Juge doit pouvoir prendre sa retraite et recevoir une pension correspondant à son niveau de responsabilité.

Après sa retraite, le Juge ne doit pas être interdit d'exercer une autre activité professionnelle juridique du seul fait de son ancienne activité à titre judiciaire ».

Paragraphe 1 : La composition de la rémunération

Au regard du Décret D/2005/010/PRG/SGG du 1er mars 2005 portant application de la Loi Organique sur le Statut de la Magistrature, il est alloué aux Magistrats de l'ordre judiciaire ainsi qu'au personnel Magistrat de l'Administration Centrale du Ministère de la Justice des indemnités de fonction, de logement et de transport comportant des taux différenciés destinés à rémunérer les sujétions de toute nature (Article 19).

Le taux de ces indemnités est fixé pour chaque groupe de Magistrats, conformément à la classification établie à l'article 17, (à savoir Magistrats hors classe, Magistrats du premier grade et Magistrats du deuxième grade) par Arrêté conjoint des Ministres de la Justice et de l'Economie et des Finances.

Les Magistrats logés dans les bâtiments de fonction et ceux disposant de véhicule de fonction sont exclus du bénéfice de l'indemnité de logement et de l'indemnité de transport (Article 20 à 22).

La rémunération se compose d'éléments qui se trouvent dans la rémunération de tout fonctionnaire :

- Salaire de base ;
- Indemnité de fonction ;
- Indemnité de logement ;
- Indemnité de transport ;
- Allocations familiales.

Sur ce traitement est prélevé une retenue de taxe sur le salaire dénommée RTS.

Paragraphe 2 : Les autres avantages prévus par la Loi

Les Magistrats bénéficient du régime de protection sociale, de retraite et d'allocations familiales de la Fonction publique.

La rémunération des Magistrats doit les mettre à l'abri de toutes les pressions et de la corruption. Un Juge placé matériellement dans la pauvreté risque de voir l'influence financière primer sur ses décisions et son comportement ce qui va incontestablement altérer son indépendance et son impartialité.

Les Magistrats doivent jouir d'une certaine sécurité financière.

Certains perçoivent des primes de fonction. Les primes sont des suppléments de traitement pouvant être accordées à certains Magistrats appelés à assumer des responsabilités.

Des indemnités peuvent être allouées également aux Magistrats. Les indemnités ont pour objet de rembourser des frais excédant les conditions normales de l'emploi ou de compenser des charges inhérentes aux fonctions exercées.

La nature et le montant des primes, indemnités, avantages et accessoires, ainsi que les conditions dans lesquelles ils sont accordés, sont fixés par Décret.

Au regard de ce qui prévaut, il y a lieu de retenir que si la Magistrature est avant tout une affaire de vocation, les conditions de travail, elles, ne correspondent pas aux salaires que perçoivent les Magistrats.

Section 10 : Les Associations de Magistrats en Guinée

Au regard de la Déclaration Universelle des Droits de l'homme, les Magistrats jouissent, comme les autres citoyens, de la liberté d'expression, de croyance, d'association et d'assemblée; toutefois, dans l'exercice de ces droits, ils doivent toujours se conduire de manière à préserver la dignité de leur charge et l'impartialité et l'indépendance de la Magistrature.

Les Juges sont libres de constituer des Associations de Juges ou d'autres organisations, et de s'y affilier pour défendre leurs intérêts, promouvoir leur formation professionnelle et protéger l'indépendance de la Magistrature.

Deux Associations regroupant les Magistrats existent en République de Guinée, l'Association des Femmes Juristes et l'Association des Magistrats de Guinée.

La liberté d'association et de réunion est garantie à tous les Magistrats par la Loi Fondamentale et l'ensemble des Instruments internationaux relatifs aux droits de l'Homme et ratifiés par la République de Guinée.

Cependant, les Magistrats doivent s'abstenir de toute démonstration de nature politique incompatible avec la réserve imposée par leurs fonctions. Aussi, toute action concertée visant à entraver le cours de la Justice ayant pour effet de restreindre les droits et libertés des citoyens leur est interdite.

Paragraphe 1 : Les compagnes de Thémis

L'histoire de la femme dans la Magistrature guinéenne ne s'est jamais posée en termes d'exclusion. Il faut louer en cela la volonté du Peuple de Guinée, à travers sa politique d'émancipation de la femme en République de Guinée, en Afrique et dans le monde depuis l'aube de l'indépendance.

Aucune Constitution guinéenne ne déroge à l'universalisme de la condition citoyenne. Aucun particularisme féminin. La femme guinéenne est libre et jouit des Droits fondamentaux prévus par les textes législatifs même si certaines dispositions légales sont « illégales » à cause de leur caractère discriminatoire. Aussi, la jouissance de leurs droits ne signifie pas l'exercice effectif de tous leurs droits civils. Heureusement que cette « illégalité » est entrain d'être corrigée grâce aux mouvements féministes comme la CONAG-DCF, l'Association des Femmes Juristes, pour ne citer que celles-la.

En tant que merveilleuse créature créée par Dieu, les Constituants guinéens n'ont jamais perdu de vue c'est aspect et n'ont jamais admis que la place de la femme se trouve dans son foyer mais qu'elle doit trouver toute sa force dans son métier. « Le premier mari de la femme est son travail » est la formule retenue.

La femme est donc l'égale de l'homme. Ce qui signifie que la Loi est pour tous sans aucune distinction car, berceau de l'humanité, c'est à travers les femmes que se fondent les Nations fortes de l'Univers.

Les statistiques montrent que la féminisation de la Magistrature guinéenne n'est pas si galopante en raison de plusieurs facteurs sociaux : Mariage précoce, refus de certains parents, etc.

Le pourcentage des hommes est certes considérable par rapport aux femmes. Mais celles qui sont dans la Magistrature s'illustrent merveilleusement, non seulement par la vigueur de leur pensée mais aussi par leur sensibilité parfaitement contrôlée. Elles ont montré au fil des ans que la femme est l'égale de l'homme sans aucun complexe.

Aujourd'hui, aucun doute ne peut susciter la valeur des femmes en République de Guinée. La femme-Magistrat voit le monde à travers le prisme des activités sociales.

Aussi, à l'avenir toutes les femmes ne seront plus confrontées à cet obstacle psychologique de la pesanteur sociale, elles n'ont plus à se le poser car les femmes font de nos jours preuve d'une capacité prodigieuse certaine à tous les postes de responsabilité.

Les exemples ne manquent pas : Mme Haby DIENG, Avocat Général près la Cour Suprême a représenté la République de Guinée à la Commission des Droits de l'Homme des Nations Unies à Genève de 1996 à 1998 ; nommée par le Secrétaire Général des Nations Unies en même temps que MM. Atsu-Koffi Amega (Togo) et Salifou Fomba (Mali) membre de la Commission d'experts des

Nations Unies sur le Rwanda en 1994.[17]Ses collègues, Mmes Aïssatou BALDE « Baldette »[18] et Joséphine LAMOU, après avoir fait leurs preuves à la Cour d'Appel de Conakry, sont pour la première Présidente de la Chambre pénale, civile, commerciale et sociale et la seconde Conseiller à la Cour Suprême.

Mme Aïssatou TOURE « Toutou » a tenu le Parquet de la Cour d'Appel de Faranah, puis celui de Kankan d'une main de fer dans un gant de velours pendant près d'une décennie avant de se retrouver Première Présidente de la Cour d'Appel de Conakry et occupe de nos jours la place de la troisième personnalité du Département de la Justice : Chef de Cabinet ; Mme Aïssatou « Poréko » DIALLO, puis Mme Paulette KOUROUMA ont, tour à tour présidé pendant des années le Tribunal de première Instance le plus important de la République de Guinée, celui de Conakry.[19]

Nous pouvons citer bien d'autres noms encore sans oublier Mme Mariama Souadou DIALLO, grande sportive pour avoir été pendant longtemps capitaine du « Syli national » de Basket-ball,

---

[17] *Cette Commission impartiale d'experts était chargée d'examiner et d'analyser les informations qui lui aurait été communiquées en application de la résolution 935 (1994), en vue de présenter au Secrétaire Général ses conclusions quant aux éléments de preuve dont elle disposerait concernant les violations graves du Droit international humanitaire commises sur le territoire du Rwanda, y compris d'éventuels actes de génocide, de déterminer enfin si et dans quelle mesure certains individus peuvent être tenus pour responsables de ces violations. Compte tenu de ce qui précède, la Commission a été priée d'examiner la question de la juridiction (internationale ou nationale) devant laquelle ces personnes devraient passer en jugement.*

[18] *Mme Aïssatou BALDE « Baldette », de la promotion « Soundiata KEITA » a toujours été major de sa promotion à l'Université. A été Première Présidente de la Cour d'Appel de Conakry. Elle est la Présidente honoraire de l'Association des Femmes Juristes de Guinée.*

[19] *Mme Aïssatou « Poréko » DIALLO est actuellement à la Direction Nationale de l'Administration pénitentiaire et anime une ONG dénommée « Femmes, Justice, Aide, Centre d'Information juridique de Guinée » alors que Mme Paulette KOUROUMA, Présidente de Chambre Economique à la Cour d'Appel de Conakry a été nommée en 2007 Ministre de la Justice et des Droits de l'Homme, première femme à ce poste depuis l'indépendance guinéenne en 1958.*

tour à tour Substitut du Procureur de la République près le Tribunal de première Instance de Conakry, Présidente de la Chambre correctionnelle de la Cour d'Appel de Kankan, Substitut Général près la Cour d'Appel de Conakry et Membre de la Cour de Sûreté de l'Etat, Présidente de la Chambre d'Accusation de la Cour d'Appel de Conakry où elle a hissée bien haut le drapeau de la Justice en Guinée en rendant selon Sékou « Castro » KOUROUMA un « arrêt historique » dans le dossier de l'opposant Sidya TOURE, Il en est de même de Mme Aïssatou « Forè » DIALLO, Conseiller à la Cour d'Appel de Conakry, de Mme Hadja Madeleine KEITA, première femme sortie de l'Université guinéenne qui est actuellement Agent Judiciaire de l'Etat alors que Hadja Fanta Toyah CONDE, est Chef de Cabinet civil du Président de la République, de Mme Joséphine SYLLA, longtemps Vice-présidente du Tribunal de Mafanco, puis Conseiller à la Cour d'Appel de Conakry, Présidente de Chambres à la Cour d'Appel de Conakry, puis Substitut Général près la même Cour.

Une seule est Présidente du Tribunal de première Instance : Mme Isabelle Kolou CAMARA à N'Zérékoré.

Mme Mariama DOUMBOUYA est également la seule femme Juge de paix du pays à Boffa. Mme Mariama CAMARA, animatrice orfèvre dans la vulgarisation du Droit en Guinée est actuellement Conseiller juridique au Ministère de la Coopération.

Les autres femmes se retrouvent pour la plupart au Siège, comme Conseillers à la Cour, Juges, ou Attachées au Parquet. Mme Irène HADJIMALIS, a présidé sans failles le Tribunal du Travail de Conakry. Mme Yayé Ramatou DIALLO, toujours aux premières loges devant ses pairs à l'Université, est une « civiliste » admirée. Elle est actuellement Présidente de Section au Tribunal de première Instance de Kaloum, membre de la Commission Nationale d'Enquête Indépendante. Depuis la création du Centre de Formation et de Documentation Judiciaires Yayé y dispense des cours. Mme Hadja Mariama DAFFE et Mme Kadiatou BAH sont Substituts du Procureur de la République, la première à Dixinn et la seconde à Mamou. Sont à l'instruction Mme Oleano Madeleine GROVOGUI à Dixinn, Mme Makoya CAMARA à Coyah, Mme

Néné Hawa DIALLO à Labé, Mme Catherine TOUNKARA à Kankan et Mme Saran KOUROUMA à Macenta.

Comme on le voit, les femmes-Magistrats sont surtout au Siège car ce travail nécessite la recherche, le raisonnement juridique évident loin des jeux de manches du Parquetier à la voix de mentor.

La quasi-totalité des femmes se trouve dans la capitale. Plusieurs paramètres entrent en ligne de compte ici car les femmes privilégient la plupart des cas la résidence : A leur premier poste, elles pensent d'abord à leurs maris.

A - L'Association des Femmes Juristes de Guinée (AFJG) :

I - Objet et buts de l'Association :

L'Association des Femmes Juristes de Guinée agréée en 1992 a pour objet de contribuer au développement des sciences juridiques en République de Guinée dans la perspective d'une prise de conscience accrue des femmes, de leur environnement juridique et du droit de la famille en particulier.

Les buts de l'Association ainsi poursuivis sont atteints par tous les moyens appropriés, notamment :

- L'organisation de séminaires ou de colloques, réunions scientifiques portant sur toutes les spécialités du Droit et des Droits de l'Homme en particulier ;
- La coopération avec toutes organisations ou Institutions nationales ou internationales poursuivant des objectifs similaires.

II - Composition de l'Association :

L'Association se compose de femmes qui, par leurs activités, contribuent ou sont susceptibles de contribuer à l'épanouissement et à la vulgarisation du Droit en Guinée.

Les membres de l'Association sont actifs, d'honneur ou associés.

- Sont admis comme membres actifs, les femmes titulaires d'un Diplôme de Droit ou d'un Diplôme équivalent ;
- Peuvent être admis en qualité de membres honoraires les membres des Associations féminines, les éminents juristes de Guinée, les personnalités non juristes désignés pour leur Science, leur expérience ou manifestant le désir de collaborer avec l'Association des Femmes Juristes de Guinée ;
- Peuvent être admis en qualité de membres associés les étudiants en Droit.

Les membres associés et les membres honoraires peuvent être consultés sur toutes les questions intéressant la vie de l'Association des Femmes Juristes de Guinée.

III - Les activités de l'Association des Femmes Juristes de Guinée :

L'Association des Femmes Juristes de Guinée depuis sa création est affiliée à la Fédération Africaine des femmes juristes, à la Fédération Internationale des femmes de carrières juridiques, à la FEDDAF/WILDAF, à la Coordination Féminine de Guinée (COFEG).

L'Association des Femmes Juristes de Guinée a, dans le cadre de ses activités organisé plusieurs séminaires sur les droits des femmes portant sur les régimes matrimoniaux, les successions, les violences sur les femmes, etc.

Elle a procédé à la vulgarisation de textes juridiques nationaux et internationaux portant notamment sur la Convention sur l'élimination de toutes les formes de discrimination à l'égard des femmes et la Convention sur les Droits de l'Enfant.

L'Association des Femmes Juristes de Guinée a animé des colloques, des journées de réflexion et des conférences sur des sujets d'intérêt juridique et judiciaire tout en distribuant, gratuitement des guides juridiques sous forme de dépliants à un large public cible.

Elle a participé à la rédaction de textes juridiques comme le Projet du Code de la famille, du Code pénal ou du Code de procédure pénale. Elle a pour principaux partenaires l'ACCT, l'Ambassade des Etats-Unis en Guinée, le FFE, l'UNIFEM (Le Fonds des Nations Unies pour la Femme), l'USAID, les Organisations Non Gouvernementales nationales ou internationales, les Institutions Nationales, comme le Conseil Economique et Social ou les Institutions Internationales, etc.

Paragraphe 2 : L'Association des Magistrats de Guinée (AMG)

Réunis le 30 décembre 2005 dans la salle « des Magistrats » du Centre de Formation et de Documentation Judiciaires (CFDJ) du Ministère de la Justice, Magistrats de la capitale et ceux de l'intérieur après avoir passé en revue les difficultés rencontrées lors des élections communales et communautaires de 2005, d'une part et de conditions de vie du Magistrat en République de Guinée, d'autre part, ont décidé de créer l'Association des Magistrats de Guinée (AMG).

Cette Association trouve son fondement dans les dispositions des articles 10, 15 et 20 de la Déclaration Universelle des Droits de l'Homme, de la Loi Fondamentale, de la Loi Organique L/91/011/CTRN du 23 décembre 1991 et la Loi L/2005/013 du 4 juillet 2005.

A- Les objectifs de l'Association des Magistrats de Guinée :

- Veiller au respect par les Magistrats de la déontologie judiciaire ;
- Contribuer a la promotion des libertés publiques ;
- Susciter l'esprit de recherche et d'initiative chez ses membres et le goût de la libre discussion sur l'ensemble des problèmes qui se posent à leur profession ;
- Défendre les intérêts matériels et moraux de ses membres tout en renforçant entre eux l'esprit de collaboration, de solidarité et de concorde ;
- Favoriser la vulgarisation du Droit en collaboration avec toute association poursuivant le développement des Sciences juridiques.

Pour atteindre ces objectifs, l'Association se propose de créer une Revue juridique qui traitera du Droit de l'Homme, en particulier, et d'organiser périodiquement des conférences-débats, des séminaires, des cercles d'études, etc.

B- Les membres de l'Association des Magistrats de Guinée :

L'Association a pour Membres :

- Les Magistrats en fonction ou en position de détachement après service dans lesdites juridictions qui adhèrent aux Statuts de l'Association et qui payent leurs droits d'adhésion (50.000 francs guinéens) et s'acquittent de la cotisation annuelle fixée par l'Assemblée générale (100.000 francs guinéens) ;
- Les Magistrats en retraite ;
- Les Auditeurs de Justice, qui en font la demande.

C- L'organisation de l'Association des Magistrats de Guinée :

Les organes de l'Association sont :

- L'Assemblée générale : Celle-ci se tient ordinairement une fois tous les deux ans sur convocation du Président du Conseil d'Administration.

L'ordre du jour est fixé par le Conseil d'Administration qui peut, à la demande de la majorité de ses membres, convoquer a tout moment une Assemblée générale extraordinaire.

- Le Conseil d'Administration : Il est élu en Assemblée générale pour un mandat de deux ans renouvelable et comprend sept membres, a savoir un Président, un Secrétaire Général, un Trésorier, un Secrétaire à la Presse et à la Formation, un Secrétaire chargé des Affaires Sociales, un Secrétaire à l'Organisation et un Secrétaire aux Relations Extérieures.

Le Conseil d'Administration se réunit au moins une fois par trimestre sur convocation de son Président ou à la demande de la majorité de ses membres.

La direction et la coordination des diverses activités de l'Association incombent au Conseil d'Administration. Celui-ci expédie, en outre, les affaires courantes.

- Le Commissariat aux Comptes qui assure le contrôle financier. Le Commissaire aux Comptes est élu en dehors du Conseil d'Administration par l'Assemblée générale ordinaire.

Section 11 : Les partenaires du Magistrat

Dans l'exercice de ses fonctions, le Magistrat travaille avec de nombreux partenaires que sont les Greffiers, les Avocats, les Huissiers de Justice, les Notaires, les Commissaires-priseurs, les Officiers de Police Judiciaire, les experts et l'Agence Judiciaire de l'Etat.

Paragraphe 1 : Les Greffiers

Collaborateurs privilégiés, les Greffiers assistent les Magistrats dans tous les cas prévus par la Loi.

« Ils dressent les actes de Greffe et procèdent aux formalités pour lesquelles compétence leur est attribuée.

Ils authentifient les actes des Juges et peuvent également les assister occasionnellement lorsqu'ils agissent dans le cadre de leurs attributions de surveillance des Officiers ministériels.

Ils concourent au fonctionnement des Services de l'Administration centrale du Ministère de la Justice.

Ils exercent leurs fonctions sous le contrôle des Chefs de juridictions.

Les Greffiers en poste au siège ont seuls la qualité d'Officier public et sont membres de la juridiction auprès de laquelle ils exercent ».

Véritable moteur de l'appareil judiciaire, les Greffiers, que ce soit en matière civile ou en matière pénale, les Magistrats sont présents à tous les stades de la procédure.

Ils sont chargés de l'enregistrement des affaires qui entrent au niveau de la Juridiction, constituent les dossiers, dressent une multitude d'actes dont ils authentifient.

La présence des Greffiers à l'audience est obligatoire. Ainsi, tout acte accompli en son absence serait frappé de nullité.

Au sein de chaque juridiction, existent deux catégories de Greffiers : Les Greffiers en Chefs et les Greffiers.

Les Greffiers en Chef et les Greffiers font partie de la juridiction auprès de laquelle ils exercent et sont inscrits sur la liste de rang après les Magistrats du Parquet.

A- Les Greffiers en Chefs :

Au sein des juridictions de l'ordre judiciaire, le Greffier en Chef exerce des fonctions juridiques, de gestion et d'encadrement.

Les Greffiers en Chefs exercent leurs fonctions notamment à la Cour Suprême, dans les Cours d'Appel, dans les Tribunaux de première Instance et dans les Justices de paix. Il en est de même au sein des juridictions d'exception (Tribunal du Travail, Tribunal pour enfants, etc.).

« Placés sous l'autorité des Chefs de juridiction, les Greffiers en Chef ont vocation à exercer des fonctions administratives de direction, d'encadrement et de gestion dans les juridictions.

Ils ont également vocation à exercer des fonctions d'enseignement professionnel.

Des missions ou études particulières peuvent leur être confiées.

Les fonctions de direction peuvent s'exercer notamment à la tête d'un Greffe ou d'un Service administratif du Greffe, à la tête du Secrétariat du Parquet, ainsi qu'à la Section Greffe du Centre de Formation et de Documentation Judiciaires.

Les fonctions de gestion peuvent comprendre notamment la gestion des personnels, la gestion des moyens matériels, la gestion financière et budgétaire.

Les fonctions d'enseignement peuvent être exercées au Centre de Formation et de Documentation Judiciaires ou dans les juridictions.

Dans les ressorts des juridictions où il n'existe pas de Notaire, le Greffier en Chef assure, en plus, les fonctions de Notaire et prend le titre de Greffier en Chef-Notaire ».

Le Greffier en Chef est dépositaire des minutes et archives au sein de la juridiction, il en assure la conservation.

B- Les Greffiers :

Placés sous l'autorité des Greffiers en Chef, les Greffiers sont appelés à exercer de nombreuses fonctions au sein d'une juridiction.

Dans les Préfectures où il n'en existe pas, les Greffiers sont habilités à exercer les fonctions d'Huissier de Justice. Ils prennent alors le titre de Fonctionnaire-Huissier.

Ils assurent la suppléance des Huissiers de Justice en vacance.

Les Greffiers assistent aux audiences, où leur présence est obligatoire, sous peine de nullité, établissent les minutes des jugements et en délivrent des copies.

Ils sont consultés par les Avocats ou par les parties au sujet de l'avancement des affaires, le tout sous l'autorité du Greffier en Chef de la juridiction.

Paragraphe 2 : Les Avocats

Coupable ou innocent, tout le monde a le droit d'être défendu. Telle est la devise des Avocats.

Contrairement à tous ceux qui pensent que les Avocats transforment le mensonge en vérité au cours des joutes oratoires, « Les Avocats sont des auxiliaires de Justice qui, sans limitation territoriale ou autre, conseillent, assistent ou représentent les personnes physiques ou morales devant toutes les juridictions, tous les Commissariats de Police ou Brigades de Gendarmerie ou de Douanes, les organismes disciplinaires, à l'effet d'assurer leur défense.
Ils peuvent également assister ou représenter autrui devant les Administrations publiques ou semi-publiques et les collectivités décentralisées » (Article 1er alinéa 1 et 2 de la Loi L/2004/014/AN du 26 mai 2004 adoptant et promulguant la Loi portant réorganisation de la profession d'Avocat en République de Guinée).

Aux termes des dispositions de l'article 2 de la même Loi, « Les Avocats ont seuls qualité pour plaider, postuler et représenter les parties en toutes matières, sauf dispositions législatives contraires. Ils font et signent tous actes nécessaires à l'accomplissement de leurs missions.
Les personnes morales de droit privé, les sociétés à participation publique et les sociétés d'économie mixte ne peuvent intervenir en Justice, tant en demande qu'en défense, que par un Avocat inscrit au Bureau.
Toutefois, toute personne peut plaider et postuler, verbalement ou par mémoire, soit pour elle-même, soit pour ses cohéritiers, soit pour ses parents et alliés sans exception en ligne directe, jusqu'au second degré inclusivement en ligne collatérale.
Le mari peut plaider et postuler pour sa femme, celle-ci pour son mari, le tuteur pour ses pupilles, ou l'administrateur provisoire ou le curateur d'office pour les personnes qu'il représente.
Les représentants légaux sont dispensés de la justification de leur mandat ».

Qu'il soit généraliste ou spécialiste, l'Avocat joue un rôle indispensable au cours des procédures où grâce à son talent, il peut faire pencher la balance en la faveur de son client en déployant les arguments propres à convaincre le Juge.

Il prend la parole, en matière pénale, pour défendre les personnes soupçonnées d'une infraction ou pour représenter les intérêts des victimes, tout au long de la procédure.

En matière civile, il accomplit les actes nécessaires à la procédure et prépare des « conclusions » qui exposent les prétentions de son client en fait et en droit. Il représente, par ailleurs, le justiciable devant le Tribunal, et accomplit en son nom, les formalités du procès.

Connu pour ses jeux de manches, l'Avocat, symbole de l'éloquence, est un véritable garant de la Démocratie et des libertés fondamentales.

Les Avocats jouent un rôle considérable dans la procédure judiciaire même si parfois on estime à tort ou à raison qu'ils ont une part de responsabilité dans le mauvais fonctionnement de la Justice.

Homme de Loi, l'Avocat exerce quatre types d'activités distinctes et complémentaires : Il représente son client, l'assiste, donne des consultations et rédige des actes juridiques.

Dans l'exercice de son ministère, l'Avocat doit aux Magistrats déférence et respect.

Vis-à-vis de son client, il l'obligation de le défendre « en son âme et conscience », d'assister aux mesures d'instruction et aux audiences. Mais il faut le savoir : L'Avocat a une obligation de moyen et non une obligation de résultat.

Exerçant une profession libérale et indépendante, l'Avocat discute librement avec son client des honoraires qui correspondent à la qualité et à la quantité de travail qu'il va accomplir. C'est, en fait la contrepartie financière des diligences de l'Avocat.

Dans ses relations avec les Magistrats, les Avocats doivent travailler loyalement dans le respect de la déontologie de sa profession qui exige passion, vérité et vénération.

Paragraphe 3 : Les Huissiers de Justice

Pour certains, l'Huissier de Justice est uniquement là pour harceler les personnes, fermer des boutiques, expulser des familles.

En fait, l'Huissier de Justice est l'épée de la Justice. Il est chargé d'exécuter les décisions de Justice et n'est pas là pour « censurer » la décision d'un Juge ou les réquisitions du Procureur de la République.

Les dispositions de l'article 1er de l'Arrêté N° 4023/MJ/86 du 12 juillet 1986 portant Statut des Huissiers de Justice indiquent clairement le rôle des Huissiers de Justice : « Les Huissiers de justice, sont des Officiers ministériels qui ont seuls qualité pour signifier les actes et les exploits, et mettre à exécution les décisions de justice ainsi que les actes ou titres en forme exécutoire.

Ils peuvent en outre :

- Procéder au recouvrement amiable de toutes créances ;
- Etre commis par justice ou requis par des particuliers pour effectuer des constatations purement matérielles, exclusives de tout avis.

Ils assurent également, le service des audiences près les Cours et Tribunaux dans les conditions fixées par la Loi ».

Cette ignorance du rôle des Huissiers de Justice fait que certains citoyens s'en prennent à ces collaborateurs du Magistrat qui sont des partenaires sûrs autant qu'indispensable de nos jours de la vie économique, judiciaire et sociale.

Membres d'une profession libérale, la fonction réelle des Huissiers de Justice date de 1986. Mais avant, la fonction était assurée par des Officiers d'exécution.

Les femmes sont quasiment absentes au sein de la profession (moins de 5).

L'Huissier de Justice est tout à la fois un professionnel libéral, un juriste performant et un Officier ministériel. Son appui à la Justice est fondamental car une décision ne vaut que par son exécution dont le rôle appartient à l'Huissier de Justice.

Les fonctions de l'Huissier de Justice se caractérisent par une ambivalence :

- Il intervient en qualité d'auxiliaire de Justice, dans l'accomplissement d'une mission définie de façon précise par des textes législatifs et réglementaires. Dans cette tâche, il est chargé des significations judiciaires et extrajudiciaires et de l'exécution forcée de titres exécutoires ;

- Il intervient aussi dans un cadre purement privé, à la demande d'un créancier, par exemple ;

- Il notifie des copies exécutoires des actes ou jugements rendus, délivre des commandements de payer, recouvre les créances constatées dans un titre exécutoire et procède aux saisies ou aux expulsions avec le concours éventuel de la force publique ;

- Il a également la charge du service d'audience des Tribunaux, comprenant l'assistance aux audiences, l'appel des causes et la charge de la signification des actes dits « du Palais ». Il exerce ces dernières fonctions sous le titre d'Huissiers-audienciers ;

- Il procède au recouvrement amiable de toutes créances, à la demande de clients qui lui donnent mandat d'encaisser les sommes dues, moyennant une rémunération, etc.

L'Huissier de Justice exerçant une profession libérale en toute indépendance, sa rémunération n'est pas libre pour autant : L'Huissier de Justice est payé en fonction d'un Tarif fixé par Arrêté du Ministre de la Justice.

En plus de toutes ces activités, l'Huissier de Justice est appelé à dresser des constats, procéder aux ventes de meubles à défaut de Commissaire-priseur. Enfin, il peut exercer des activités annexes sous autorisation du Ministre de la Justice.

L'Huissier de Justice est aidé dans sa mission par une ou des personnes appelées Clerc d'Huissier.

Le Clerc d'Huissier a une part active dans les tâches administratives : Il prépare les actes et assure la correspondance courante.

Les Huissiers de Justice titulaires de charge peuvent seuls se faire suppléer par des Clercs assermentés. Les Clercs prêtent le même serment que les Huissiers de Justice.

Les Clercs assermentés justifiant de trois années de cléricature au moins peuvent suppléer les Huissiers de Justice titulaires de charge dans tous les actes de leur Ministère, notamment en cas de congé régulier, d'absence temporaire ou d'empêchement momentané.

Les autres Clercs assermentés peuvent suppléer les Huissiers de Justice dans la signification ou la notification de tous exploits ou actes à l'exception des actes ci-après : Constats judiciaires ou privés, exécution des décisions de Justice, ou des actes et titres en forme exécutoire, en dehors des significations ou des commandements, ventes judiciaires de meubles ou objets mobiliers.

Paragraphe 4 : Les Notaires

Aux termes des dispositions de l'article 1er de la Loi L/93/003 CTRN du 18 février 1993 portant Statut du Notariat : « Les Notaires sont les officiers publics établis pour recevoir les actes et contrats auxquels les parties doivent ou veulent faire donner le caractère d'authenticité attaché aux actes de l'autorité publique, et pour en assurer la date, en conserver le dépôt, en délivrer des grosses et expéditions ».

Le Notaire intervient dans de nombreux actes de la vie privée des citoyens. Il est le seul à pouvoir et devoir authentifier ces actes.

Dans les Circonscriptions judiciaires où il n'existe pas d'office de Notaire, les fonctions notariales sont remplies par les Greffiers en Chef des Tribunaux de première Instance et des Justices de paix, lesquels prennent le titre de Greffiers-Notaires.

Ainsi, les Greffiers en Chef appelés à exercer la fonction notariale perçoivent les mêmes honoraires que les Notaires.

Il est prélevé sur les honoraires bruts par eux perçus, en compensation de leur traitement et au profit de l'Etat, une redevance de 50%.

Les Greffiers-Notaires ne peuvent instrumenter que dans l'étendue du ressort de la juridiction à laquelle ils sont affectés.

Tout acte reçu en dehors du territoire où les Greffiers-Notaires sont autorisés à instrumenter est nul s'il n'est pas revêtu de la signature de toutes les parties. Lorsque l'acte est revêtu de la signature de toutes les parties contractantes, il ne vaut que comme écrit sous signature privée.

Le rôle du Notaire est très important en matière de droit de la famille, (Contrat de mariage, changement de régime matrimonial, divorce...) et en ce qui concerne le règlement des successions et de donations.

Il en est également ainsi:

- En matière immobilière ;
- En matière de droit des sociétés (rédaction des cessions de fonds de commerce ou de fonds artisanaux, établissement des baux et leur cession, ainsi que tous contrats et conventions concernant l'activité économique, etc.).

Vu l'importance du Notaire dans la vie des citoyens, il est donc civilement responsable des actes qu'il délivre. A cet égard, les Notaires sont tenus de garder minute de tous les actes qu'ils reçoivent à l'exception de ceux qui d'après la Loi peuvent être délivrés en brevet et des certificats de vie, procurations, actes de notoriété, quittances de fermage, de loyer, de salaire, arrérages de pensions et rentes.

Il peut être constitué entre personnes physiques exerçant ou ayant vocation à exercer les fonctions de Notaire, des sociétés professionnelles qui jouissent de la personnalité morale et sont soumises aux dispositions du présent titre.

Ces sociétés ont pour objet l'exercice en commun des fonctions notariales de leurs membres. Elles jouissent de la personnalité morale à compter de leur agrément.

La profession de Clerc de Notaire : Collaborateur du Notaire, le Clerc est un véritable technicien du Droit qui apporte son appui juridique au Notaire dans le suivi des dossiers, la rédaction ou la recherche des actes.

L'habilitation prévue par la Loi ne peut être donnée qu'aux Clercs qui l'acceptent et qui remplissent l'une des conditions suivantes :

1° - Avoir subi avec succès l'examen d'aptitude aux fonctions de Notaire ;
2° - Etre titulaire du Diplôme de Premier Clerc ;
3° - Justifier de six années de pratique professionnelle en qualité de Clerc de Notaire. Cette durée est réduite à quatre années pour les titulaires du diplôme d'une Ecole de Notariat, de la Maîtrise en Droit ou d'un Diplôme équivalent.
Avant d'exercer l'habilitation, le Clerc prête le serment suivant par écrit établi en double original, signé et daté par l'intéressé :« Je jure de remplir ma mission avec exactitude et probité ».

L'habilitation est constatée par un écrit établi en double original, daté et signé par le Notaire.

Elle peut être donnée soit pour tous les actes, soit pour certains actes seulement.

La tarification des actes notariés : Les sommes dues aux Notaires en raison de leur activité professionnelle sont déterminées conformément aux dispositions de l'Arrêté A/95/4726/MJ/CAB du 27 septembre 1995 fixant le Tarif des Notaires.

Ainsi, « A peine d'une amende de 500.000 Francs guinéens, tout Notaire est tenu d'afficher de manière ostentatoire le détail du Tarif dans tout lieu où il reçoit sa clientèle et, à la demande du client, lui en remettre copie intégrale ou extrait.
En cas de récidive dans le non-respect de la disposition qui précède et après mise en demeure adressée par le Ministre de la Justice au Notaire défaillant et restée sans effet après expiration d'un délai de 8 jours francs, il sera suspendu pour une durée qui ne pourra pas être inférieure à 3 mois, sans pouvoir dépasser un an » (Article 7 de l'Arrêté A/95/4726/MJ/CAB du 27 septembre 1995 fixant le Tarif des Notaires).

Paragraphe 5 : Les Commissaires-priseurs

Les Commissaires-priseurs sont des officiers ministériels chargés de procéder sous réserve des réglementations spéciales, à l'estimation et à la vente aux enchères publiques des meubles, effets mobiliers, corporels et des fonds de commerce.

Ils peuvent, en outre, procéder au recouvrement amiable des créances.

Ils ne peuvent se livrer à aucun commerce ni servir directement ou indirectement d'intermédiaire pour les ventes amiables.

Cependant, les Commissaires-priseurs peuvent être autorisés par le Ministre de la Justice à exercer à titre accessoire certaines activités ou fonctions.

La profession de Commissaire-priseur fait l'objet de l'Arrêté n° 4022/MJ/86 du 12 juillet 1986 portant organisation de la profession de Commissaires-priseurs en République de Guinée.

« Au siège de chaque juridiction, il peut être créé un ou plusieurs Offices de Commissaires-priseurs.

Au siège des juridictions où il n'a pas été créé d'Office les fonctions de Commissaire-priseur sont exercées de plein droit par les Huissiers de Justice cumulativement avec leurs fonctions d'Huissier.

Les fonctions de Commissaire-priseur sont retirées aux Huissiers de Justice par le seul fait de la création d'un Office dans le ressort de la juridiction à laquelle ils appartiennent à compter de la date d'installation du titulaire de l'Office » (Voir article 2 de l'Arrêté n° 4022/MJ/86 du 12 juillet 1986 portant organisation de la profession de Commissaires-priseurs en République de Guinée).

Le nombre de Commissaires-priseurs est très réduit. Ils sont moins d'une dizaine.

Les Commissaires-priseurs sont tenus de procéder eux-mêmes ou par l'intermédiaire de leurs clercs assermentés, à la vente publique des biens en se conformant aux prescriptions de la Loi.

Les procès-verbaux de ventes et toutes autres pièces qui sont faites par les Commissaires-priseurs doivent être corrects et lisibles. Les Commissaires-priseurs doivent garder les minutes des procès-verbaux de vente. Ils font foi jusqu'à inscription de faux.

Le Commissaire-priseur a la police dans les ventes et peut adresser toutes réquisitions à la force publique pour maintenir l'ordre.

Le Commissaire-priseur est tenu de mentionner au bas de chaque procès-verbal de vente le détail de tous les frais, droits et émoluments auxquels aura donnée lieu la vente sous peine de 10.000 francs d'amende.

Il est interdit à tout Commissaire-priseur pour quelque cause et sous quelque prétexte que ce soit, de réclamer une rémunération supérieure au Tarif en vigueur, sous peine de restitution et dommages et intérêts s'il y a lieu, sans préjudice de poursuites pénales et disciplinaires.

C'est la raison pour laquelle tout Commissaire-priseur doit être couvert contre les conséquences pécuniaires de sa responsabilité civile professionnelle par un contrat souscrit auprès d'une Société d'assurances.

Le Commissaire-priseur peut se faire assister par des Clercs assermentés.

Ceux-ci peuvent le suppléer dans tous les actes de son Ministère notamment en cas de congé régulier, d'absence temporaire ou d'empêchement momentané.

Le Commissaire-priseur est civilement responsable des nullités, restitutions, dépens et dommages et intérêts encourus du fait de ses Clercs.

Paragraphe 6 : Les Officiers de Police Judiciaire

La Police Judiciaire, qui est un partenaire indispensable des Magistrats dans leur action, se trouve soumise, de par son organisation, à deux tutelles, celle de ses mandants que sont les autorités judiciaires et celle de ses supérieurs hiérarchiques, c'est-à-dire toute la chaîne de commandement qui remonte jusqu'au Ministre de l'Intérieur pour les Policiers ou au Ministre de la Défense Nationale pour les Gendarmes.

Chargée de rechercher les crimes, les délits et les contraventions, en rassembler les preuves et en livrer les auteurs aux Tribunaux chargés de les punir, la Police Judiciaire est une pièce maîtresse de la chaîne pénale judiciaire.

Lorsqu'une information est ouverte, elle exécute les délégations des juridictions d'instruction et défère à leurs réquisitions.

La Police Judiciaire est exercée sous la direction du Procureur de la République, sous la surveillance du Procureur Général et sous le contrôle de la Chambre d'Accusation par les Officiers et Agents de Police Judiciaire, ainsi que par les fonctionnaires et agents auxquels sont attribuées par la Loi certaines fonctions de Police Judiciaire. Il s'agit principalement des Inspecteurs et Agents assermentés des Eaux et Forêts, des Gardes particuliers assermentés, des Inspecteurs du Travail, des Agents du Service de l'Environnement, les Agents des Services de l'Elevage, de l'Agriculture, des Eaux et Forêts, les Agents assermentés du Ministère chargé des Services des Douanes, des Impôts et du Contrôle de qualité, des ingénieurs des mines, etc. dont les attributions ne seront pas développées dans le cadre de cette étude.

Aux termes des dispositions de l'article 14 du Code de procédure pénale : « Ont qualité d'Officiers de Police Judiciaire :

1 - Les Officiers de Gendarmerie ;
2 - Les Sous-officiers de Gendarmerie exerçant les fonctions de Commandant de Brigade ou Chefs de Poste ;
3 - Les Directeurs des Services de Police ;
4 - Les Commissaires de Police ;
5 - Les Inspecteurs de Police ;
6 - Les Officiers de Police ;
7 - Les élèves Officiers et Sous Officiers de Gendarmerie nominativement désignés par Arrêté conjoint du Ministre de la Justice, Garde des Sceaux et du Ministre de la Défense après avis conforme d'une Commission ;
8 - Les fonctionnaires du cadre de la Police nominativement désignés par Arrêté du Ministre de la Justice, Garde des Sceaux sur proposition des autorités dont ils relèvent après avis conforme d'une Commission.

La composition des Commissions prévues aux paragraphes 7 et 8 est déterminée par Arrêté conjoint du Ministre de la Justice et du Ministre intéressé.

Cette Commission est indiquée à l'article 3 de l'Arrêté conjoint n° 2005/ 5617/ PRG/SGG du 16 novembre 2005 et est composée ainsi qu'il suit :

1 - Le Procureur Général près la Cour d'Appel de Conakry ;
2 - Le Procureur Général près la Cour d'Appel de Kankan ;
3 - Trois Magistrats du Ministère public ;
4 - Le Directeur Général de la Police Nationale ;
5 - Le Directeur de l'Ecole Nationale de Police ;

6 - L'Inspecteur Général des Services de Police ;
7 - Le Gestionnaire des Ressources Humaines ;
8 - Quatre fonctionnaires de la Police Nationale ayant au moins rang de Commissaire Principal.

Le Secrétariat de la Commission est assuré par le Directeur de l'Ecole Nationale de Police.

Pour la désignation des Gendarmes ayant la qualité d'Officiers de Police Judiciaire, la Commission est composée ainsi qu'il suit :

1 - Le Procureur Général près la Cour d'Appel de Conakry ;
2 - Le Procureur Général près la Cour d'Appel de Kankan ;
3 - Le Chef d'Etat-Major de la Gendarmerie Nationale ;
4 - Le Gestionnaire des Ressources Humaines ;
5 - Le Directeur de l'Ecole de la Gendarmerie Nationale ;
6 - Trois Magistrats du Ministère public ;
7 - Quatre Officiers de la Gendarmerie Nationale.

Le Secrétariat de la Commission est assuré par le Directeur de l'Ecole de la Gendarmerie Nationale.

L'obtention de la qualité d'Officier de Police judiciaire est subordonnée à l'accomplissement de quatre années d'activités dans la Police Nationale et dans la Gendarmerie Nationale

Les fonctionnaires de la Police Nationale et les Militaires de la Gendarmerie Nationale mentionnés à l'article 14 du Code de procédure pénale ne peuvent exercer les attributions attachées à leur qualité d'Officier de Police Judiciaire ni se prévaloir de cette qualité que s'ils sont affectés à un emploi comportant cet exercice et en vertu d'une décision du Procureur Général près la Cour d'Appel les y habilitant personnellement.

La mission de la Police Judiciaire est d'éclairer le Ministère public pour lui permettre d'apprécier judicieusement l'opportunité des poursuites, c'est-à-dire de se prononcer sur la suite à donner à l'affaire : Flagrant délit, citation directe devant la juridiction de jugement, Réquisitoire afin d'informer qui saisira le Juge d'Instruction et déclenchera l'ouverture d'une information ou enfin, un classement sans suite.

En tant qu'auxiliaire du Procureur de la République, la Police Judiciaire est, en quelque sorte « les yeux et les oreilles » de la Justice répressive. Ainsi, dans l'intérêt général, la Police judiciaire doit être dotée de moyens importants lui permettant d'accomplir judicieusement sa mission.

La mission de la Police Judiciaire se résume donc en cinq points :

- Constater les infractions à la loi pénale ;
- Rassembler les preuves ;
- Rechercher les auteurs ;
- Exécuter les délégations des juridictions d'instruction ;
- Déférer à leurs réquisitions.

En règle générale, les Officiers de Police Judiciaire (Policiers et Gendarmes) concourent au maintien de l'ordre public. Ils ont le devoir d'intervenir de leur propre initiative pour porter aide et assistance à toute personne en danger et pour réprimer tout acte de nature à troubler l'ordre public.

Il leur est interdit dans l'accomplissement de leur mission :

- De discréditer les autres corps de sécurité ;
- De prendre part contre les autres corps de sécurité ;
- De prendre part aux réunions à caractères politique ou syndical ;
- D'exercer toute activité privée et lucrative de quelque nature que ce soit ;
- D'avoir par eux-mêmes ou par personne interposée et sous quelque dénomination que ce soit, dans une entreprise soumise ou avec lesquels ils ont en relation, des intérêts de nature à compromettre leur indépendance ;
- De faire toutes collectes ou démarches auprès des particuliers et sociétés en vue de recueillir des dons, soit en espèce, soit en nature.

Tout comme les autres corps de sécurité, les Officiers de Police Judiciaire en activité ne peuvent :

- Jouir ni du droit de grève ni du droit syndical ;
- Appartenir à une association sans autorisation préalable du Ministre chargé de la Sécurité, exception faite des associations sportives et des associations religieuses ;
- De publier d'articles ou d'ouvrages ayant trait à leurs fonctions qu'avec l'autorisation du Ministre chargé de la Sécurité.

La Police Judiciaire procède souvent à l'instruction préparatoire qui précède l'instruction faite par le Juge. Son action commence dès que l'infraction se manifeste et se termine dès que le Juge est saisi.

Dans cette mission, il y a lieu de faire la distinction entre la Police Judiciaire et la Police Administrative : Alors que la Police Judiciaire est placée sous l'autorité du Pouvoir Judiciaire et n'intervient qu'après l'infraction, la Police Administrative est, quant à elle, placée sous l'autorité administrative. Elle a pour mission d'empêcher les infractions et le maintien de l'ordre public, donc une fonction préventive.

Si les deux Polices se distinguent quant au but visé, elles sont tout de même assurées par les mêmes agents : C'est ainsi qu'un Policier en réglant la circulation (Police Administrative) peut relever des infractions routières (Police Judiciaire).

Aux termes de l'article 19 du Code de procédure pénale, « Sont agents de Police Judiciaire lorsqu'ils n'ont pas la qualité d'Officier de Police Judiciaire :
1. Les Militaires de la Gendarmerie ;
2. Les Membres des Forces de Police ».
La qualité d'Agent de Police Judiciaire est attribuée par Arrêté conjoint du Ministre de la Justice, Garde des Sceaux et des Ministres intéressés, aux membres des Forces de Police et aux Militaires de la Gendarmerie Nationale lorsqu'ils n'ont pas la qualité d'Officier de Police Judiciaire, en application de l'article 19 du Code de procédure pénale.

Les Agents concernés doivent avoir satisfait aux épreuves d'un examen portant sur le Droit pénal, la procédure pénale et les libertés publiques après avoir reçu une formation spécifique.

Un Arrêté conjoint du Ministre de la Justice, Garde des Sceaux et des Ministres intéressés fixe le contenu du programme de la formation et des épreuves de l'examen technique ainsi que les modalités d'organisation de celles-ci et d'établissement de la liste des candidats reçus.

Une Commission d'examen dont les membres sont nommés par Arrêté conjoint du Ministre de la Justice, Garde des Sceaux et des Ministres intéressés, est instituée à Conakry.

La Commission est composée au moins :

1 - Du Procureur Général près la Cour d'Appel de Conakry ;
2 - Du Procureur Général près la Cour d'Appel de Kankan ;
3 - Du Directeur de l'Ecole de Police ;
4 - Du Procureur de la République près l'un des Tribunaux de première Instance de Conakry ;
5 - Du Procureur de la République près le Tribunal de première Instance de Kankan ;
6 - Du Directeur Général de la Police Nationale ;
7 - D'un Commissaire de Police de Conakry ;
8 - Du Chef d'Etat-Major de la Gendarmerie Nationale ;
9 - D'un Commandant de Brigade de Gendarmerie de Conakry.

Le Secrétariat de la Commission est assuré par le Directeur de l'Ecole de Police ou son délégué.

Les Agents de Police Judiciaire ont pour mission :

1. De seconder, dans l'exercice de leurs fonctions les Officiers de Police Judiciaire ;
2. De rendre compte à leurs chefs hiérarchiques de tous crimes, délits ou contraventions dont ils ont connaissance ;
3. De constater, en se conformant aux ordres de leurs chefs, les infractions à la Loi pénale et de recueillir tous les renseignements

en vue de découvrir les auteurs de ces infractions, le tout dans le cadre et dans les formes prévus par les lois qui leur sont propres.

Cependant les Gendarmes sont habilités à dresser procès-verbal des infractions qu'ils constatent et à recevoir dans la forme les déclarations qui leur sont faites par toute personne susceptible de leur fournir, des indices, preuves et renseignements sur les auteurs et complices de ces infractions. Ils n'ont cependant pas qualité pour décider des mesures de garde à vue.

La Police Judiciaire est exercée sous la direction du Procureur de la République, sous la surveillance du Procureur Général et sous le contrôle de la Chambre d'Accusation.

A- La Police Judiciaire sous la direction du Procureur de la République :

En vertu de l'article 12 du Code de procédure pénale, « La Police Judiciaire est exercée sous la direction du Procureur de la République, ainsi que par les fonctionnaires et agents auxquels sont attribuées par la loi certaines fonctions de Police Judiciaire ».

Le Procureur de la République exerce de multiples pouvoirs dans le cadre de la Police Judiciaire.

Il doit en effet :

1 - Recevoir les plaintes et dénonciations et apprécier la suite à leur donner ;

2 - Diriger et coordonner sous la surveillance du Procureur Général les Officiers de Police Judiciaire, Agents de Police Judiciaire et autres fonctionnaires chargés de certaines fonctions de Police judiciaire ;

3 - Exercer en flagrant délit les pouvoirs et prérogatives attachés à la fonction d'Officier de Police Judiciaire dès qu'il se trouve sur les lieux (Article 66 du Code de procédure pénale) ;

4 - Requérir directement la force publique dans l'exercice de ses fonctions lorsque les circonstances l'exigent (Article 40 du Code de procédure pénale) ;

5 - Décider des prolongations de garde à vue dans l'enquête de flagrant délit ou au cours d'une enquête préliminaire ;

6 - Procéder ou faire procéder à tous les actes nécessaires à la recherche et à la poursuite des infractions à la Loi pénale.

Toute autorité constituée, tout Officier public ou fonctionnaire qui, dans l'exercice de ses fonctions, acquiert la connaissance d'un crime ou d'un délit, est tenu d'en donner avis sans délai au Procureur de la République et de transmettre à celui-ci tous les renseignements, procès-verbaux et actes qui y sont relatifs.

Tout comme le Procureur de la République, le Juge d'Instruction dispose des pouvoirs d'une Officier de Police Judiciaire, c'est-à-dire qu'il effectue les actes suivants :

1 - Il délivre les commissions rogatoires aux Officiers de Police Judiciaire lorsqu'une information est ouverte (Article 11 du Code de procédure pénale) ;

2 - Il reçoit les plaintes et dénonciations et en particulier les plaintes avec constitution de partie civile (Article 88 Code de procédure pénale) ;

3 - Il exerce en flagrant délit, s'il se trouve sur les lieux, les pouvoirs et prérogatives attachés à la fonction d'Officier de Police Judiciaire et dessaisit en particulier le Procureur de la République et les Officiers de Police Judiciaire ;

4 - Il peut requérir directement la force publique dans l'exercice de ses fonctions si les circonstances l'exigent.

Les Officiers et Agents de la Police Judiciaire, après avoir effectué, soit d'office, soit sur les réquisitions du Procureur de la République, l'enquête préliminaire ou de flagrant délit, lui adressent leurs procès-verbaux et rapports. Il les fait compléter, éventuellement par l'audition d'autres témoins, par des vérifications matérielles ou, plus généralement, par toutes les investigations qui lui paraissent utiles.

Ce pouvoir qu'il tient de la Loi, fait du Procureur de la République l'organe centralisateur de toutes les procédures criminelles et correctionnelles établies par les Services de Gendarmerie et de Police.

B - La Police Judiciaire sous la surveillance du Procureur Général :

La Police Judiciaire es placée dans chaque ressort de Cour d'Appel sous la surveillance du Procureur Général et sous le contrôle de la Chambre d'Accusation (Article 13 du Code de procédure pénale).

Le Procureur Général peut charger les Officiers et Agents de la Police Judiciaire de recueillir tous renseignements qu'il estime utiles à la bonne administration de la Justice.

La surveillance du Procureur Général s'exerce généralement sur quatre points principaux :

1 - L'habilitation des Officiers de Police Judiciaire :

Innovation importante du Nouveau Code de procédure pénale (Article 15), l'habilitation des Officiers de Police Judiciaire suppose que ceux-ci « ne peuvent exercer effectivement les attributions attachées à leur qualité d'Officier de Police Judiciaire ni se prévaloir de cette qualité que s'ils sont affectés à un emploi comportant cet exercice et en vertu d'une décision du Procureur Général près la Cour d'Appel les y habilitant personnellement » ;

2 - Le contrôle hiérarchique des Procureurs de la République et des Substituts ;

3 - Le contrôle de l'activité des Officiers de Police Judiciaire par la tenue au Parquet Général d'un dossier individuel concernant l'activité, en tant qu'Officier de Police Judiciaire et pour l'ensemble du ressort de dossiers des fonctionnaires civils et militaires ayant cette qualité.

Le Procureur Général fait classer au dossier tous documents utiles : Plaintes, lettres de félicitations, réprimandes officieuses, procédures diverses, arrêtés d'habilitation, de suspension ou de retrait, etc.

En cas de poursuites devant la Chambre d'Accusation, ce dossier est communiqué à l'Officier de Police Judiciaire et versé aux débats (Article 229 aliéna 2 du Code de procédure pénale).

La notation par le Procureur Général de l'Officier de Police Judiciaire habilité est prise en compte pour toute décision d'avancement.

C'est pourquoi, il est indispensable que chaque Procureur de la République établisse, pour chacun des Officiers de Police Judiciaire en fonction dans le ressort du Tribunal de premier Instance, une notice individuelle de renseignements.

Il doit recueillir les appréciations des Juges d'Instruction ou des autres collaborateurs portant sur la rédaction des rapports et procès-verbaux, la valeur des informations données au Parquet, l'habileté professionnelle et le degré de confiance accordée ;

4 - La prise de sanctions à l'égard des Officiers de Police Judiciaire ayant commis une faute professionnelle.

En cas de faute professionnelle, le Procureur Général adressera ou fera adresser une mise en garde à l'Officier de Police judiciaire responsable, après avoir pris avec le Procureur de République et les supérieurs hiérarchiques tous contacts utiles, en vue essentiellement, d'éviter le renouvellement d'erreurs ou maladresses de même nature.

La sanction à l'endroit d'un Officier de Police Judiciaire peut être :

- Un avertissement à l'Officier de Police Judiciaire ;
- Une saisine de la Chambre d'Accusation conformément aux dispositions des articles 227 à 230 du Code de procédure pénale.

C - La Police Judiciaire sous le contrôle de la Chambre d'Accusation :

La Chambre d'Accusation joue le rôle de juridiction disciplinaire vis-à-vis des Officiers de Police Judiciaire.

Le contrôle des activités des fonctionnaires civils et militaires, Officiers de Police Judiciaire par le Chambre d'Accusation s'exerce dans le cadre des articles 227 à 230 du Code de procédure pénale.

1 - Saisine :

Lorsqu'un Officier de Police Judiciaire paraît avoir commis une faute, la Chambre d'Accusation est saisie :

- Soit par le Prouver Général ;
- Soit par son Président ;
- Soit se saisit d'office à l'occasion de l'examen de la procédure qui lui est soumise.

2 - Enquête :

La Chambre d'Accusation une fois saisie, fait procéder à une enquête et peut entendre le Procureur Général et l'Officier de Police Judiciaire incriminé, qui doit avoir été préalablement mis à même de prendre connaissance de son dossier d'Officier de Police Judiciaire tenu au Parquet Général de la Cour d'Appel. Il peut se faire assister d'un Avocat.

Les débats ont lieu en Chambre du conseil.

La Chambre d'Accusation, en dehors des sanctions disciplinaires qui pourraient être infligées à l'Officier de Police judiciaire par ses supérieurs hiérarchiques, peut prendre les décisions suivantes :

- Adresser des observations à l'Officier de Police Judiciaire ;
- Décider que l'Officier de Police Judiciaire ne pourra, soit temporairement, soit définitivement, exercer ses fonctions

d'Officier de Police Judiciaire et de délégué du Juge d'Instruction sur tout l'ensemble du territoire ;
- Ordonner la transmission du dossier au Procureur Général si elle estime que l'Officier de Police Judiciaire a commis une infraction à la Loi pénale.

3 - Recours :

Les décisions prises par la Chambre d'Accusation contre les Officiers de Police Judiciaire sont notifiées, à la diligence du Procureur Général, aux autorités dont ils dépendent.

Ces décisions sont susceptibles d'un pourvoi devant la Cour Suprême pour les seules erreurs de droit qui auraient pu être commises ou dans les cas exceptionnels d'excès pouvoir.

Paragraphe 7 : Les experts judiciaires

Les experts judiciaires sont des techniciens auxquels le Magistrat ou les parties demandent des avis dans les domaines relevant de leur spécialité.

Chaque juridiction dispose d'une grande liberté dans la désignation des experts.

L'article 162 du Code de procédure pénale dispose que : « Toute juridiction d'instruction ou de jugement dans le cas où se pose une question d'ordre technique peut, soit à la demande du Ministère public, soit d'office ou à la demande des parties, ordonner une expertise, laquelle est confiée à un expert unique, sauf circonstances particulières justifiant la désignation de deux ou plusieurs experts.
Les experts procèdent à leur mission sous le contrôle du Juge d'Instruction ou du Magistrat que doit désigner la juridiction ordonnant l'expertise.
Lorsque le Juge d'Instruction estime ne pas devoir faire droit à une demande d'expertise, il doit rendre une ordonnance motivée ».

La mission de l'expert qui ne peut avoir pour objet que l'examen de questions d'ordre technique est précisée dans la décision qui ordonne l'expertise.

L'expert ne se prononce pas sur les questions juridiques ou à concilier les parties. Toutefois, si les parties viennent à se concilier, sans initiative de l'expert, celui-ci constate que sa mission est devenue sans objet; il en fait rapport à la juridiction ou au Magistrat qui l'a désigné.

Les parties peuvent demander au Juge de donner force exécutoire à l'acte exprimant leur accord.

L'expert ne doit pas se substituer au Magistrat ni recevoir de lui la moindre délégation de pouvoir juridictionnel.

L'expert doit donner son avis sur les points qui lui sont indiqués et ne peut répondre, en principe à d'autres questions.

Dans l'accomplissement de sa tâche d'expert est tenu d'observer des règles de forme et de fond édictées dans l'intérêt des justiciables.

La Loi lui enjoint d'accomplir sa mission personnellement, avec conscience, objectivité et impartialité et de respecter les délais qui lui sont impartis. Si des raisons particulières l'exigent, ce délai peut être prorogé sur requête de l'expert et par décision motivée rendue par le Magistrat ou la juridiction qui l'a désigné.

L'expert a la faculté de se faire assister par un technicien dans une spécialité ne relevant pas de sienne qui doit prêter serment. Il ne peut, en aucun cas, se substituer à lui. Son rapport est annexé au rapport de l'expert.

La juridiction ou le Magistrat fixe le montant d'une provision et détermine qui doit la verser.

La juridiction ou le Magistrat peut ordonner la consignation d'une provision complémentaire si la provision initiale devient insuffisante.

Lorsque les opérations d'expertise sont terminées, l'expert doit rédiger un rapport qui doit contenir la description desdites opérations ainsi que leurs conclusions. L'expert doit attester avoir personnellement accompli les opérations qui lui ont été confiées et signer son rapport.

En cas de désignation de plusieurs experts, s'ils sont d'avis différents ou s'ils ont des réserves formulées sur des conclusions communes, chacun d'eux indique son opinion ou ses réserves en les motivant.

Le rapport et les scellés, ou leurs résidus sont déposés entre les mains du Greffier de la juridiction qui a ordonné l'expertise; ce dépôt est constaté par procès-verbal.

Les experts exposent à l'audience, s'il y a lieu, le résultat des opérations techniques auxquelles ils ont procédé, après avoir prêté serment de rendre compte de leurs recherches et constatations en leur honneur et conscience.

Au cours de leur audition, ils peuvent consulter leur rapport et ses annexes.

Le Président peut soit d'office, soit à la demande du Ministère public, des parties ou de leurs Conseils, leur poser toutes questions entrant dans le cadre de la mission qui leur a été confiée.

Après leur exposé, les experts assistent aux débats, à moins que le Président ne les autorise à se retirer.

Paragraphe 8 : L'Agence Judiciaire de l'Etat

C'est le Décret D/97/083/PRG/SGG du 5 mai 1997 qui porte attributions et organisation de l'Agence Judiciaire de l'Etat.

Placée sous l'autorité directe du Chef de l'Etat, l'Agence Judiciaire de l'Etat est un Service public qui a « pour mission, la mise en œuvre de la politique du Gouvernement dans les domaines de la réglementation des affaires contentieuses où l'Etat est partie et la représentation de l'Etat dans les instances judiciaires.

A ce titre, elle est particulièrement chargée :

- De sauvegarder les droits de l'Etat dans tous les domaines où les textes en vigueur n'ont pas conféré ces prérogatives à d'autres services ;
- De suivre toute action portée devant les juridictions et tendant à faire déclarer l'Etat créancier ou débiteur ;
- D'exécuter les crédits au titre du fonctionnement de l'Agence et ceux destinés aux auxiliaires de Justice et mandataires ;
- D'exécuter les actes administratifs faisant l'objet de contentieux ;
- De veiller à la liquidation des débets en collaboration avec la Chambre des Comptes ;
- De participer à des procédures d'indemnisation et de régularisation des citoyens victimes de déguerpissement en collaboration avec le Ministère de l'Urbanisme et de l'Habitat ;
- D'engager des démarches pour les règlements des créances de l'Etat ou de ses ayants droit.

L'Agence peut proposer toute transaction utile à la partie adverse ».

L'Agence Judiciaire de l'Etat est exemptée de tout paiement des frais liés notamment à la procédure judiciaire, à la réquisition des Services de sécurité pour leur déplacement, aux frais d'enregistrement des jugements, à l'achat des timbres fiscaux et aux paiements de la caution devant les Tribunaux.

Toutes décisions prises par les Cours et Tribunaux contre l'Etat sont susceptibles de révision, initiée par l'Agent Judiciaire de l'Etat.

Les conventions de règlement à l'amiable des dossiers contentieux de l'Etat au niveau de l'Agence Judiciaire de l'Etat ont valeur de jugement et ne sont susceptibles d'appel que devant les Cours et Tribunaux.

Les débiteurs de l'Etat contre lesquels une action est engagée ou suivie par l'Agence Judiciaire de l'Etat se libèrent des sommes dont ils restent redevables en faveur du Trésor public contre quittance ou reçu délivré à l'Agence.

L'Agence Judiciaire de l'Etat peut directement faire exécuter une décision judiciaire, un ordre de l'autorité ou un commandement de la loi sans recourir aux services des Huissiers.

L'Agence Judiciaire de l'Etat est dirigée par un Magistrat dénommé Agent Judiciaire de l'Etat, nommé par Décret du Président de la République.

L'Agent Judiciaire de l'Etat dirige, impulse, anime, coordonne et contrôle les activités de l'Agence.

A ce titre :

- Il reçoit délégations permanentes pour signer tous les actes, pièces et correspondances relatives à l'instruction et au règlement des affaires contentieuses relevant de son domaine ;
- Il émet des titres de perception ayant force exécutoire ;
- Il est seul habilité à recevoir en sa personne ou en ses bureaux les citations et assignations dont il doit viser l'original ainsi que les requêtes introductives d'instances servies ou notifiées à l'Etat ;
- Il suit le déroulement des procès, oriente la défense et décide de l'opportunité des voies de recours ;
- Il est délégué dans les fonctions d'Administrateur de crédits destinés notamment aux règlements des transactions, des frais, honoraires des Avocats, mandataires ou auxiliaires de Justice ;
- Il peut faire élection de domicile chez le Préfet du siège de la juridiction compétente ;
- Il reçoit de l'Inspection Générale d'Etat les dossiers d'inspection :
- Soit pour un recours judiciaire ;
- Soit pour une action de recouvrement ordonnée par le Président de la République ;
- Il informe l'Inspecteur Général d'Etat des suites réservées en la matière ;
- Il est ampliataire des rapports d'inspections des Services de contrôle sectoriels.

Toute action portée devant les juridictions et tendant à faire déclarer l'Etat créancier ou débiteur y compris les créances domaniales, fiscales et parafiscales ayant un caractère contentieux doit être intentée, sous peine de nullité, par ou contre l'Agent judiciaire de l'Etat.

Tout commandement de payer, toute sommation contre l'Etat ou tout avenir ou toute assignation servis à un Service public non signifié à l'Agent Judiciaire ne peut être opposable à l'Etat.

L'Agent Judiciaire doit travailler en collaboration avec le Ministre de la Justice, Garde des Sceaux, le Premier Président de la Cour Suprême, les Chefs des Parquets, Cours et Tribunaux.

Il peut saisir directement le Premier Président de la Cour Suprême sur toutes les questions de Droit intéressant la procédure, et/ou pour obtenir le sursis à exécution contre une décision rendue préjudice de l'Etat.

Sur requête de l'Agent Judiciaire de l'Etat, le Ministre de la Justice, Garde des Sceaux peut ordonner la révision d'une décision ou d'un arrêt de la Cour dans l'intérêt de la Loi ou pour la sauvegarde des biens matériels et/ou immatériels de l'Etat.

L'Agent Judiciaire de l'Etat est autorisé à conclure des contrats de prestation de service avec les Avocats agréés sur la base de leur intégrité morale, de leur expérience et de leur capacité de défendre au mieux les intérêts de l'Etat.

Il peut, en cas de nécessité, faire recours aux compétences et services de certains Magistrats de la place en fonction de leur spécialité.

L'Agent Judiciaire de l'Etat peut résilier ou suspendre directement le contrat de prestation de service le liant à tout Avocat qui se rendrait coupable de la violation des dispositions contractuelles notamment la corruption par la partie adverse et l'abstention de compte rendu d'audience dans le délai imparti (Article 1er à 14 du Décret D/97/083/PRG/SGG du 5 mai 1997 portant attributions et organisation de l'Agence Judiciaire de l'Etat).

Section 12 : Le Conseil Supérieur de la Magistrature

Le Conseil Supérieur de la Magistrature est régit par la Loi Organique n° 91/10/CTRN du 23 décembre 1991.

Il a pour vocation de protéger l'indépendance des Magistrats de l'ordre judiciaire.

Alors que l'article 82 aliéna 2 de la Deuxième Constitution guinéenne dispose que « Le Président de la République est garant de l'indépendance de l'autorité judiciaire. Elle est équitable, humaine et gratuite », l'actuelle Loi Fondamentale retient la notion de « Pouvoir Judiciaire » à la place d' « Autorité Judiciaire » en disposant que « Le Pouvoir Judiciaire est indépendant du Pouvoir Exécutif et du Pouvoir Législatif.
Il est exercé exclusivement par les Cours et Tribunaux ».

A son article 81, il dispose que « Les Magistrats ne sont soumis, dans l'exercice de leur fonction, qu'à l'autorité de Loi. Les Magistrats du Siège sont inamovibles dans les conditions déterminées par la Loi.
Les Magistrats sont nommés par le Président de la République, ceux du Siège, après avis du Conseil Supérieur de la Magistrature ».

Cette disposition constitutionnelle est une garantie fondamentale pour la Magistrature guinéenne.

Paragraphe 1 : La composition du Conseil Supérieur de la Magistrature

Le Conseil Supérieur de la Magistrature comprend neuf membres dont quatre de droit et cinq nommés par Décret du Président de la République pour quatre ans.

Les membres de droit du Conseil Supérieur de la Magistrature sont :

1 - Le Président de la République, qui préside le Conseil Supérieur de la Magistrature ;
2 - Le Ministre de la Justice, qui en est le Vice-président ;
3 - Le Premier Président de la Cour Suprême ;
4 - Le plus ancien des Premiers Présidents des Cours d'Appel.

Les membres de droit sont désignés eu égard au poste qu'ils occupent. Leur qualité fixe la durée de leur mandat et ils sont remplacés de plein droit dès la nomination de leurs successeurs.

Les cinq membres du Conseil Supérieur de la Magistrature nommés par Décret sont :

1 - Deux Présidents de Chambre ou Conseillers à la Cour Suprême ;
2 - Un Magistrat du Siège de la Cour d'Appel ;
3 - Un Magistrat du Siège des Tribunaux ;
4 - Un Juge de paix.

Tous ces Magistrats sont désignés sur proposition du Bureau de la Cour Suprême.

Paragraphe 2 : Les attributions du Conseil Supérieur de la Magistrature

Dans le cadre fixé par les articles 81 et 82 de la Loi Fondamentale, le Conseil Supérieur de la Magistrature a reçu de la Loi Organique L/91/011/CTRN du 23 décembre 1991 d'importantes attributions concernant l'indépendance de la Magistrature. Il s'agit principalement de son rôle en matière de nomination et en matière disciplinaire.

A- Pour les Magistrats du Siège :

Aux termes des dispositions de l'article 81 alinéa 1er de la Loi Fondamentale, « Les Magistrats du Siège sont inamovibles dans les conditions déterminées par la Loi ».

C'est ce que reprend aussi l'article 9 du Statut de la Magistrature en précisant que les Magistrats du Siège « ...ne peuvent, sans leur consentement préalable, recevoir une affectation nouvelle même par voie d'avancement ». Ce qui signifie que les Magistrats du Siège ne sont soumis à aucune autorité : Ministre, Secrétaire Général, Préfet ou Gouverneur de Région dans l'exercice de leurs activités juridictionnelles.

Si le principe de l'inamovibilité des Magistrats du Siège est consacré dans les textes, la réalité est toute autre en pratique. Il y a une violation manifeste de ce principe car les Magistrats du Siège sont déplacés de leurs postes par l'Exécutif sans leur consentement.

Toutefois, il n'y a pas violation de la Loi lorsque le Président du Tribunal de première Instance ou le Premier Président d'une Cour d'Appel procède à l'affectation de Juges dans des Sections ou Chambres de leurs juridictions respectives.

B- Pour les Magistrats du Parquet :

S'ils ne sont pas inamovibles en droit, cependant ils le sont très largement en fait. En effet, l'article 80 de la Loi Fondamentale fait référence de façon générale à l'indépendance du Pouvoir Judiciaire dont les Magistrats du Parquet sont partie intégrante.

Par ailleurs, l'article 10 de la Loi Organique sur le Statut de la Magistrature confère aux Magistrats du Parquet à l'audience la liberté de parole nonobstant le fait qu'ils sont placés sous la direction et le contrôle de leurs Chefs hiérarchiques et sous l'autorité du Ministre de la Justice. Ce dernier ne peut, en application de l'article 33 du Code de procédure pénale, que donner des instructions écrites et versées au dossier de la procédure d'engager ou de faire engager les poursuites, ou de saisir la juridiction compétente de telles réquisitions écrites et non de classement, dans les affaires individuelles.

Il conserve bien évidemment le pouvoir de mettre en œuvre les politiques publiques du Gouvernement, au premier rang desquelles la politique pénale.

Le Conseil Supérieur de la Magistrature a ainsi plusieurs attributions dont les plus importantes sont :

1 - L'avis que le Conseil Supérieur de la Magistrature émet en matière de nomination ou d'avancement des Magistrats.

Pour les nominations des Magistrats du Siège, l'avis du Conseil Supérieur de la Magistrature est donné, sur les propositions du Ministre de la Justice et après un rapport fait par un membre du Conseil.

Lorsqu'il statue sur la nomination des Magistrats, le Conseil Supérieur de la Magistrature est présidé par le Président de la République, ou, en cas d'empêchement, par le Ministre de la Justice.

Pour délibérer valablement, le Conseil Supérieur de la Magistrature doit comprendre, outre son Président, ou à défaut, son Vice-président, au moins cinq de ses membres ;

2 - L'avis que le Conseil Supérieur de la Magistrature, consulté par le Président de la République, émet sur des questions concernant l'indépendance de la Magistrature et l'exercice du droit de grâce ;

3 - L'exercice du pouvoir disciplinaire.

Ce sont les articles 20 à 28 de la Loi Organique n° 91/10/CTRN du 23 décembre 1991 qui traitent du Conseil Supérieur de la Magistrature statuant en matière disciplinaire.

Le Conseil Supérieur de la Magistrature est le conseil de discipline des Magistrats du Siège. Ses décisions, qui doivent être obligatoirement motivées, ne sont susceptibles d'aucune opposition ni d'autres recours, même devant la Cour Suprême.

Véritable protection du Magistrat contre l'arbitraire de l'Exécutif, le Conseil Supérieur de la Magistrature doit être en mesure d'assurer réellement l'indépendance du corps judiciaire. Tel n'est pas le cas actuellement. La Loi étant ce qu'elle est, la mise en place du Conseil Supérieur de la Magistrature et le respect des règles constitutionnelles doivent permettre au Conseil de participer étroitement, dans les limites légales, à la nomination des Magistrats à tous les postes de responsabilité.

Il y a malheureusement un décalage profond entre les textes et la pratique quotidienne : Les Magistrats sont nommés sans avis du Conseil Supérieur de la Magistrature, les Magistrats du Siège sont déplacés sans leur consentement, des Magistrats du Siège sont suspendus sans avis du Conseil Supérieur de la Magistrature, etc.

Rien ne sert d'avoir de beaux textes de Lois si leur application n'est pas réelle en pratique. C'est un leurre regrettable.

Section 13 : Le Statut de la Magistrature ou l'indépendance du Magistrat

Marcel Rousselet dans son livre « Les cas de conscience du Magistrat » écrit : « Une idée première doit être dégagée : La Magistrature n'est pas au service de l'Etat comme on a coutume de le penser parfois. La « Raison d'Etat », expression trop souvent employée, doit être en matière judiciaire, bannie de nos prétoires comme un terme odieux. La Magistrature est au service de la Justice et de la Loi et non aux ordres d'un régime quel qu'il soit».

Par les dispositions de la Loi Organique L/91/011/CTRN du 23 décembre 1991 portant Statut de la Magistrature, l'indépendance de la Magistrature est garantie. C'est ce qu'affirmait le Ministre de la Justice, Garde des Sceaux lorsqu'il déclarait : « L'indépendance de la Justice est consacrée par les textes. Son respect par les autres pouvoirs et son effectivité dépendent avant tout des Magistrats eux-mêmes. C'est votre intégrité, votre impartialité, votre capacité à dire correctement le droit pour le pauvre comme pour le riche, pour le national comme pour l'étranger, pour l'employeur comme pour l'employé, pour les gouvernants comme pour les gouvernés qui seront les plus sûres garanties de votre indépendance ».[20]

Le principe de l'indépendance de la Magistrature ressort également des « Principes fondamentaux relatifs à l'indépendance de la Magistrature » adoptés par le septième Congrès des Nations Unies pour la prévention du crime et le traitement des délinquants qui s'est tenu à Milan du 26 août au 6 septembre 1985 et confirmés par l'Assemblée Générale dans ses Résolutions 40/32 du 29 novembre 1985 et 40/146 du 13 décembre 1985 : « 1. L'indépendance de la Magistrature est garantie par l'Etat et énoncée dans la Constitution ou la Législation nationales. Il incombe à toutes les Institutions, gouvernementales et autres, de respecter l'indépendance de la Magistrature.
2. Les Magistrats règlent les affaires dont ils sont saisis impartialement, d'après les faits et conformément à la Loi, sans restrictions et sans être l'objet d'influences, incitations, pressions, menaces ou interventions indues, directes ou indirectes, de la part de qui que ce soit ou pour quelque raison que ce soit ».

La Loi Organique L/91/011/CTRN du 23 décembre 1991 portant Statut de la Magistrature précise cette garantie, à savoir la règle de l'inamovibilité et la liberté de parole.

Paragraphe 1 : La règle de l'inamovibilité

Tous les Magistrats du Siège de l'ordre judiciaire bénéficient de l'inamovibilité proclamée par l'article 81 alinéa 1er de la Loi Fondamentale qui dispose que « Les Magistrats ne sont soumis, dans l'exercice de leur fonction, qu'à l'autorité de Loi. Les Magistrats du Siège sont inamovibles dans les conditions déterminées par la Loi ».

---

[20] *Dr. Salifou SYLLA, Ministre de la Justice, Garde des Sceaux, lors de la cérémonie de la prestation de serment et de l'installation de la Cour Suprême le Lundi, 26 octobre 1992.*

Il en est de même de l'article 9 du Statut de la Magistrature qui dispose que « Les Magistrats du Siège sont inamovibles. Ils ne peuvent, sans leur consentement préalable, recevoir une affectation nouvelle même par voie d'avancement.
Toutefois, lorsque les nécessités du service l'exigent, les Magistrats du Siège peuvent être déplacés par l'autorité de nomination, sur avis conforme et motivé du Conseil Supérieur de la Magistrature ».

Ce principe tient au fait que la Loi entend mettre le Magistrat du Siège à l'abri des pressions de l'Exécutif en empêchant son déplacement arbitraire, sa révocation, sa mise à la retraite d'office, sa suspension lorsqu'il n'obéit pas aux instructions fermes de l'autorité.

Par cette garantie constitutionnelle, les Magistrats doivent ainsi régler les affaires dont ils sont saisis impartialement, d'après les faits et conformément à la Loi, sans restrictions et sans être l'objet d'influences, incitations, pressions, menaces ou interventions indues, directes ou indirectes, de la part de qui que ce soit ou pour quelque raison que ce soit.

Mais une limite est faite au principe de l'inamovibilité. Toutefois, dit l'article 9 du Statut de la Magistrature, lorsque les nécessités du service l'exigent, les Magistrats du Siège peuvent être déplacés par l'autorité de nomination, sur avis conforme et motivé du Conseil Supérieur de la Magistrature.

Cette notion de « nécessités de service » est source de tous les abus dans les déplacements arbitraires contre les Magistrats qui ne respectent pas les « instructions » de l'autorité. Ce qui montre que le principe de l'inamovibilité n'est que de nom dès lors que le Conseil Supérieur de la Magistrature n'a jamais émit son avis quant à la nomination des Magistrats du Siège depuis sa création.

En pratique, chaque Ministre de la Justice fait passer son Décret de nomination des Magistrats et propose ensuite les membres du Conseil Supérieur de la Magistrature qui ne peuvent que constater le fait accompli.

Symbole de l'indépendance de la Magistrature, le principe de l'inamovibilité des Magistrats du Siège doit être respecté par l'Exécutif dès lors que l'Etat entend être un Etat de droit. Celui-ci est une garantie fondamentale des droits de l'homme car l'Etat de droit, contrairement à l'Etat de police ou celui du prince, « despote éclairé » est au contraire soumis au droit.

Paragraphe 2 : L'indépendance de la Magistrature

Le lien entre indépendance et inamovibilité est régulièrement réaffirmé par la doctrine et la jurisprudence. Mieux, le principe de la séparation des pouvoirs proclamé par la Loi Fondamentale implique nécessairement la garantie de l'indépendance du Pouvoir Judiciaire par rapport aux autres Pouvoirs.

La Loi Fondamentale proclame solennellement l'indépendance du Pouvoir Judiciaire en son article 80 et soutient en son article 81 alinéa 1er que : « Les Magistrats ne sont soumis, dans l'exercice de leurs fonctions, qu'à l'autorité de la Loi. Les Magistrats du Siège sont inamovibles dans les conditions déterminées par la Loi ».
Les décisions des Juges peuvent être infirmées, cassées ou annulées par les juridictions supérieures, mais celles-ci ne possèdent aucun droit de contraindre un Juge à juger autrement qu'il ne pense.

Cette influence du Gouvernement se manifeste par cette promiscuité du Palais de Justice et du Ministère de la Justice. La configuration montrant le Ministre de la Justice et tout son Cabinet situés au premier étage et en dessous la salle d'audience et la Cour d'Appel (Siège et Parquet). Combien de fois n'entend-on pas : « Jugez en bas vous allez montez toute de suite ! ». Et, effectivement nombreux sont ces Magistrats interpellés, dossiers sous les bras pour arpenter les vingt-quatre marches de l'escalier côté entrée du Ministre de la Justice ou les trente-sept marches côté public. Cette situation montre éloquemment que les Magistrats ont moins peur d'arpenter les dix-sept marches de l'escalier de l'Inspection des Services Judiciaires que celles du « Grand bâtiment » !

Cette situation est regrettable !

Bien entendu, il faut éviter ce mimétisme de mauvais aloi mais il ne faut pas pour autant rester fermer à la réalité évidente.

Aujourd'hui, le principe de l'inamovibilité des Magistrats du Siège est vidé de sa substance et n'a qu'une simple valeur mythique.

L'histoire a montré à bien des égards que les politiques font fi de ce principe bafouant un symbole : Des Magistrats sont déplacés par ....message-radio, par simples coups de téléphone, par tape dans le dos : « Viens, tu rentres à Conakry! », etc.

Les raisons sont fondées : Soit parce certains Magistrats sont des « rebelles », soit parce que le Ministre veut avoir sous ses ordres des Magistrats soumis auxquels il dictera les décisions à prendre.

Or, comme le rappelle le Conseil constitutionnel français, « l'indépendance des juridictions est garantie ainsi que le caractère spécifique de leurs fonctions sur lesquelles ne peuvent empiéter ni le Législateur ni le Gouvernement », moyennant quoi « il n'appartient ni au Législateur ni au Gouvernement de censurer les décisions des juridictions, d'adresser à celles-ci des injonctions ou de se substituer à elles dans le jugement des litiges relevant de leurs compétences ».

Il est incontestable, l'indépendance de la Justice est à la fois la condition nécessaire de la promotion de l'Etat de Droit et le moyen de sa sauvegarde. Si elle est réelle, la Justice inspire inévitablement la confiance des citoyens. Indépendante, la Justice constitue un objectif que tout Etat de Droit doit aspirer à atteindre. Cet Etat de Droit a pour pilier lui-même l'indépendance des Juges.

Toutefois, la précision suivante s'impose : Un Juge indépendant ne signifie pas qu'il est libre de faire tout ce qui lui plait. S'il est indépendant, c'est par rapport aux autres Pouvoirs indiqués par la Loi Fondamentale. Le Juge est donc lié à la Loi.

Son indépendance doit se manifester dans l'application de la Loi en recherchant surtout la volonté du Législateur sans « inventer » ou « forger » le Droit car ce ne sont pas ses opinions personnelles ou son point de vue en tant qu'individu qui est en ligne de compte mais l'application correcte de la Loi de manière égale pour tous sans aucune discrimination ou considération subjective.

Pour atteindre cet objectif, l'Etat doit respecter tous ses engagements internationaux pris pour que l'indépendance de la Justice soit effective. C'est ce que recommande obligatoirement, par exemple la Charte africaine des Droits de l'Homme et des Peuples dans ses dispositions sur l'indépendance judiciaire en son article 26 : « Les Etats parties à la présente Charte ont le devoir de garantir l'indépendance des Tribunaux…..».

La mission de garantir l'indépendance du Pouvoir Judiciaire est attribuée au Président de la République, assisté du Conseil Supérieur de la Magistrature. Il l'exerce essentiellement par son pouvoir de nomination, selon les modalités prescrites par l'article 2 du Statut de la Magistrature. (Sur proposition du Ministre de la Justice, après avis du Conseil Supérieur de la Magistrature).

Si aujourd'hui on parle de Pouvoir Judiciaire, il n'y a pas lieu de tomber dans un triomphalisme tant que le principe n'est pas appliqué concrètement dans les faits. C'est ce que disait Monsieur Alpha Amar BALDE, « Rien ne sert d'avoir des droits si on ne les exerce pas réellement ».

Proclamer que la Justice est indépendante ne peut suffire si, dans le même temps, la Collectivité nationale ne lui offre pas les moyens réels de remplir toutes ses missions.

Les Magistrats guinéens travaillent parfois dans des conditions particulièrement difficiles. Il suffit seulement de faire une statistique des contentieux connus par les Magistrats ces différentes années pour s'en apercevoir : Les affaires civiles et pénales ont été multipliées par deux voire trois avec un effectif quoique constant et qui malgré cette augmentation de charges de travail travaille en parent pauvre. Alors que d'autres Départements ont un parc automobile d'une trentaine, le Département de la Justice a moins d'une dizaine de véhicules. Quant au salaire, le

Commissaire de Police est plus payé que le Procureur de la République!

Le Magistrat guinéen est confronté aux pesanteurs sociales. Il faut entendre par « pesanteurs sociales » le pouvoir de l'argent et les pressions liées aux relations sociales diverses.

Avec son faible salaire, le Magistrat est placé dans une situation délicate. C'est la raison pour laquelle, après une audience, un Juge ne manque pas de se bousculer avec des personnes qu'il vient de juger à l'arrêt bus ou au carrefour communément appelé « le carrefour des aigris » en face de la Banque Centrale à Conakry. Certains prennent place dans les voitures des Avocats ou, pire, s'embarquent avec des parties civiles dans leurs véhicules.

Les relations sociales, véritables « cordes sensibles » menacent dangereusement l'impartialité du Magistrat car, en tant qu'être vivant dans la Société africaine, le Magistrat est lié par la solidarité familiale. L'influence est donc là avec ces pressions intempestives. Il faut une véritable force de caractère pour ne pas céder à cette pression qui affecte la crédibilité du Magistrat et de l'Institution judiciaire elle-même.

Paragraphe 3 : La liberté de parole

Sont exclus du bénéfice de l'inamovibilité proclamée par l'article 81 alinéa 1er de la Loi Fondamentale et 9 du Statut de la Magistrature les Magistrats des Parquets des Cours et Tribunaux en vertu de l'article 10 du Statut de la Magistrature qui dispose que « Les Magistrats des Parquets, des Cours et Tribunaux sont placés sous la direction et le contrôle de leurs chefs hiérarchiques et sous l'autorité du Ministre de la Justice, Garde des Sceaux.
A l'audience, leur parole est libre. Ils peuvent dans l'intérêt du service, être affectés d'office ou sur leur demande sans avancement d'une juridiction à une autre par l'autorité de nomination ».

La liberté de parole constitue l'une des limites au devoir d'obéissance des Magistrats du Parquet lorsqu'ils prennent à l'audience des réquisitions conformes à leur conviction et parfois contraires à leurs conclusions écrites.

« La plume est serve, mais la parole est libre » affirme le vieil adage.

Le Magistrat du Parquet n'est pas le porte-parole du Pouvoir Exécutif, il porte la parole de la Loi.

L'Etat de droit et la Justice sont indissociables surtout que la Justice est la gardienne de la liberté individuelle, attribut le plus fondamental de toute personne humaine. C'est la raison pour laquelle il y a lieu, à tout instant, de s'inspirer de ces principes fondamentaux et que tous les efforts soient déployés pour les traduire concrètement et pleinement dans la réalité.

Paragraphe 4 : La réalité des faits

Au regard de la réalité quotidienne, la Justice guinéenne subi, depuis la Première République, le poids d'une lourde main administrative. Elle n'a jamais réellement été au rang des Institutions exerçant un pouvoir. C'est par la voie administrative que sont assurés le recrutement, la formation, la rémunération, la carrière et la mise à la retraite des Magistrats. Les Magistrats appartenant au Parquet sont soumis, de ce fait, à l'autorité hiérarchique du Ministre de la Justice, membre du Gouvernement.

La Justice guinéenne était tout d'abord une Autorité judiciaire de 1958 à 1990 lorsque la Loi Fondamentale a proclamé qu'elle était un Pouvoir.

Malgré les difficultés et les lenteurs législatives, les Juges guinéens s'écartent peu à peu des Lois obsolètes qui ne sont d'ailleurs plus conformes aux normes juridiques internationales. Par exemple, concernant la remise de l'enfant âgé de 7 ans à son père, prescrit par le Code civil, les Juges fondent désormais leurs décisions sur les règles édictées par la Convention Internationale relative aux droits de l'enfant qui font obligation de tenir compte de l'intérêt supérieur de l'enfant.

Sous l'influence de Magistrats doués de très forte personnalité, au péril de leur carrière, émerge une Justice qui ignore les intimidations, menaces et compromissions. Ils ne sont, certes pas nombreux mais ils servent d'idéal aux nombreux jeunes gens et jeunes femmes qui se découvrent une vocation pour les métiers de Justice.

Ces héros du Droit et de la Justice doivent avoir un soutien de toute la Magistrature en cas de mutation arbitraire ou de suspension sans fondement pour avoir rendu une décision contre l'Etat, un membre du Gouvernement ou une institution bancaire.

Mais, pour devenir pouvoir, la Justice se doit de recevoir un contrôle permanent de celui au nom duquel elle agit, c'est-à-dire le Peuple, le Peuple guinéen en premier lieu, les Peuples africains par la suite. L'organe majeur du « Gouvernement de la Justice » deviendra le Conseil Supérieur de la Magistrature dont la composition et le recrutement devront, à coup sûr, être largement repensés.

A mon avis, il faut rendre au Peuple sa Justice. Au niveau du Conseil Supérieur de la Magistrature, que les membres ne soient pas nommés par le Président de la République mais soient élus par leurs pairs. Il en serait de même de la Commission de Discipline et d'Avancement des Magistrats du Parquet et de ceux de l'Administration Centrale. Que le texte régissant cette Commission ne soit plus un Décret du Président de la République mais une Loi votée par l'Assemblée Nationale, elle-même. Ce qui va enlever dans l'esprit des membres de ces organismes toute idée de subordination ou d'allégeance.

L'idée d'élection au niveau de ces deux institutions trouve son fondement dans le fait que les Magistrats jugent au nom du Peuple de Guinée. Celui-ci doit donc, à travers les autres Magistrats, être présent par l'élection au suffrage universel direct de ceux qui vont décider de la nomination et de la discipline des Magistrats.

Comme nous le disions plus haut il y a une véritable mainmise de l'Exécutif sur le Judiciaire.

Cela se manifeste sur les points suivants :

- Le Président de la République : Contrairement à la Constitution de 1958 qui faisait de lui « le garant de l'indépendance de la Magistrature », l'actuelle Loi Fondamentale n'en fait pas état. C'est l'article 23 du Décret sur l'application du CSM qui reprend intégralement la même expression.
Les Lois Organiques sur le Statut de la Magistrature et le CSM disent qu' « Il préside le Conseil Supérieur de la Magistrature ».

Bien sûr, Il n'y siège pas lorsque le Conseil se réunit en formation disciplinaire, mais l'ordre du jour des séances lui est communiqué. Il nomme les autres membres du Conseil Supérieur de la Magistrature. L'ordre du jour des séances du CSM lui est communiqué par le Procureur Général près la Cour Suprême. Il signe le Tableau d'avancement et les Décrets relatifs à la nomination et à l'avancement de tous les Juges de la Justice de paix à la Cour Suprême.

- Le Ministre de la Justice : Il prépare et exécute le Budget des Services relevant de son Département. Il prépare et présente à l'Assemblée Nationale les projets de Loi relatifs au Statut des Magistrats, ainsi que les Décrets. Il est le Vice-président du Conseil Supérieur de la Magistrature et le préside en l'absence du Président de la République. Comme ce dernier, il ne siège pas quand cet organisme statue en matière disciplinaire.

En matière de nomination et d'avancement, il doit présenter au Conseil Supérieur de la Magistrature les projets concernant tous les Juges. Ce qui, en pratique, n'a jamais eu lieu depuis 1991, car avant cette date, il n'y avait pas de texte législatif relatif au Conseil Supérieur de la Magistrature.

Le Ministre de la Justice a le pouvoir d'engager des poursuites disciplinaires contre un Juge devant le Conseil supérieur de la Magistrature.

Il peut aussi demander au Conseil Supérieur de la Magistrature, en cas d'urgence, d'interdire provisoirement à un Magistrat d'exercer ses fonctions dans l'attente d'une action disciplinaire. Si celle-ci n'est pas engagée dans un délai de deux mois, la mesure disparaît automatiquement, dit le texte de Loi.

L'Inspection Générale des Services Judiciaires dépend directement du Ministre de la Justice.

Le problème fondamental ici, c'est que le Conseil Supérieur de la Magistrature n'a aucun pouvoir sur les concours de recrutement, l'intégration directe dans la Magistrature, le programme des études au Centre de Formation et de Documentation (CFDJ) et la nomination du Directeur du CFDJ. Il en va de même de l'évaluation des Juges, de leur affectation au sein d'une juridiction, et de l'évaluation du fonctionnement des juridictions.

Dans les faits, le Conseil Supérieur de la Magistrature existé que de nom.

Section 14 : La Commission d'Avancement et de Discipline des Magistrats du Parquet et de l'Administration Centrale

C'est le Décret D/2005/012/PRG/SGG du 1er mars 2005 qui a créé la Commission d'Avancement et de Discipline des Magistrats du Parquet et des Magistrats de l'Administration Centrale du Ministère de la Justice.

Cette Commission est composée des Magistrats ci-après :

- Le Procureur Général près la Cour Suprême, Président ;
- Le Premier Avocat Général près la Cour Suprême ;
- L'Inspecteur Général des Services Judiciaires ;
- Un Procureur Général près la Cour d'Appel ;
- Un Avocat Général près la Cour d'Appel ;
- Deux Procureurs de la République dont l'un est Rapporteur ;
- Un Directeur National de l'Administration Centrale du Ministère de la Justice.
- Un Juge de paix.

Par Arrêté 3517/MJ/CAB/2006 du 31 juillet 2006, la composition de cette Commission est la suivante :

- Président : M. Alpha Ibrahima DIALLO, Procureur Général près la Cour Suprême ;

Membres :

- M. Alpha Amar BALDE, Premier Avocat Général près la Cour Suprême ;
- M. Amadou SYLLA, Directeur National des Affaires Judiciaires ;
- M. Mohamed Saïd HAIDARA, Inspecteur Général des Services Judiciaires ;
- M. Zézé BEAVOGUI, Procureur Général près la Cour d'Appel de Kankan ;
- M. Paul Mastrazi FOFANA, Avocat Général près la Cour d'Appel de Conakry ;
- M. Moundjour CHERIF, Procureur de la République près le Tribunal de première Instance de Dixinn ;
- M. Alpha Sény CAMARA, Procureur de la République près le Tribunal de première Instance de Kindia (Rapporteur) ;
- Mme Mariama DOUMBOUYA, Juge de paix de Boffa.

Paragraphe 1 : Le régime de l'avancement

Aux termes de l'article 3 du Décret D/2005/012/PRG/SGG du 1er mars 2005 « Nul Magistrat ne peut être nommé au grade supérieur s'il n'est inscrit au Tableau d'avancement.[21]
Nul Magistrat ne peut être inscrit au Tableau d'avancement s'il n'a passé au moins deux années entières à l'échelon qui est le sien.
L'avancement d'échelon se fait par Arrêté du Ministre de la Justice, Garde des Sceaux ».

L'avancement au grade supérieur se fait par Décret du Président de la République.

---

[21] *Le Tableau d'avancement a été institué pour la première fois en France par un Décret du 18 août 1906.*

Au regard du Décret D/2005/010/PRG/SGG du 1er mars 2005 portant application de la Loi Organique sur le Statut de la Magistrature, « Le Corps judiciaire comprend : Les Magistrats en fonction dans un emploi judiciaire ainsi que les Magistrats du cadre de l'Administration centrale du Ministère de la Justice.

Il est hiérarchisé en :

- Une catégorie Hors classe ;
- Et deux grades, divisés chacun en deux groupes, eux-mêmes subdivisés en Echelons ». (Article 1er).

Le grade est la position administrative qui exprime la place du Magistrat dans la hiérarchie. Ainsi, par exemple, l'Auditeur de Justice se situe au Deuxième groupe du deuxième grade. Au fil des ans, il se hissera aux différents sommets de la hiérarchie.

Chaque année, avant le 1er juillet, les Procureurs Généraux près les Cours d'Appel doivent adresser au Ministre de la Justice et pour chaque Magistrat du Parquet de leurs ressorts respectifs, une feuille de notation établie après consultation des Chefs de Parquets intéressés.

Pour les Juges de paix, l'avis du Procureur de la République dont ils relèvent est obligatoire.

La feuille de notation évalue le Magistrat sur ses connaissances juridiques et sa valeur professionnelle. Elle est accompagnée d'un rapport indiquant la qualité du travail accompli. Copie de ce rapport est communiqué à l'intéressé, qui peut y faire des réserves par écrit.

Les Procureurs Généraux sont notés directement par le Ministre de la Justice.

Pour les Magistrats de l'Administration centrale du Ministère de la Justice, le Secrétaire Général du Département procède à cette notation sur avis des Chefs des Services centraux dont ils relèvent.

Les Chefs des Services centraux sont évalués directement par le Ministre de la Justice.

Les documents ainsi établis sont adressés au Ministre de la Justice et communiqués directement à la Commission d'Avancement et de Discipline qui, après examen, propose la liste des Magistrats qui méritent d'être inscrits au Tableau d'avancement.

Le Tableau d'avancement est définitivement approuvé par Arrêté du Ministre de la Justice.

Lorsque le membre de la Commission d'Avancement et de Discipline est concerné par une proposition d'avancement, il ne participe pas à l'examen et à la délibération sur son propre cas.

Le Décret D/2005/010/PRG/SGG du 1er mars 2005 indique des articles 2 à 5 la fixation de la hiérarchie du Corps des Magistrats.

En effet, appartiennent à la catégorie Hors classe : Le Premier Président de la Cour Suprême, le Procureur Général près la Cour Suprême, les Présidents de Chambre de la Cour Suprême, le Premier Avocat Général près la Cour Suprême, Les Conseillers de la Cour Suprême, les Avocats Généraux près la Cour Suprême, Les Premiers Présidents de Cours d'Appel, les Procureurs Généraux près les Cours d'Appel, le Secrétaire Général du Ministère de la Justice, l'Inspecteur Général des Services Judiciaires, les Conseillers du Ministre de la Justice et les Directeurs Nationaux.

Les Magistrats du Premier Grade sont appelés à exercer les fonctions classées dans les groupes suivants :

- Premier Groupe : Présidents de Chambre des Cours d'Appel, Avocats Généraux près les Cours d'Appel, Inspecteurs des Services Judiciaires, Secrétaire Général de la Cour Suprême, Magistrats référendaires de la Cour Suprême ;

- Deuxième Groupe : Chefs de Division des Services Nationaux, Conseillers des Cours d'Appel, Substituts Généraux près les Cours d'Appel, Présidents des Tribunaux de première Instance,

Procureurs de la République près les Tribunaux de première Instance.

Les Magistrats du Second Grade sont appelés à exercer les fonctions classées dans les groupes suivants :

- Premier groupe : Vice-présidents des Tribunaux de première Instance, Présidents de Section des Tribunaux de première Instance, Président du Tribunal du Travail, Substituts du Procureur près les Tribunaux de première Instance, Juges des Tribunaux de première Instance, Juges d'Instruction des Tribunaux de première Instance, Juges de paix, Présidents des Tribunaux pour enfants ;

- Deuxième Groupe : Juges des Justices de paix, Juges d'Instruction d'une Justice de paix, Juges des enfants, Auditeurs de Justice.

Paragraphe 2 : Le régime disciplinaire

Le Ministre de la Justice exerce le pouvoir disciplinaire à l'égard des Magistrats du Parquet et des Magistrats de l'Administration Centrale du Ministère de la Justice.

La faute disciplinaire s'apprécie, pour un Magistrat du Parquet ou un Magistrat de l'Administration Centrale du Ministère de la Justice, compte tenu des obligations qui découlent de sa subordination hiérarchique.

Par « faute disciplinaire », il faut entendre tout manquement par un Magistrat de ses obligations professionnelles et aux manquements de la vie privée.[22]

C'est ce qu'indique le texte de la Loi Organique sur le Statut de la Magistrature (Article 21) lorsqu'il précise que « Tout manquement par un Magistrat aux devoirs de son état, à l'honneur, à la délicatesse ou à la dignité, constitue une faute disciplinaire ».

---

[22] *C'est le cas d'un Magistrat voleur ou ivrogne.*

Mais n'est pas une faute professionnelle un « mauvais jugement ». La « sanction » qui pourrait toucher le Magistrat serait l'infirmation de sa décision devant la Cour d'Appel ou sa cassation devant la Cour Suprême.

En dehors de toute action disciplinaire, l'Inspecteur Général des Services Judiciaires, les Directeurs Nationaux de l'Administration Centrale du Ministère de la Justice et les Procureurs Généraux ont le pouvoir de donner un avertissement aux Magistrats placés sous leur autorité.

Cet avertissement peut être attaqué devant la Commission d'Avancement et de Discipline.

L'avertissement n'est effacé automatiquement du dossier qu'au bout de deux ans si aucun nouvel avertissement ou aucune sanction disciplinaire n'est intervenu pendant cette période.

Aucune sanction disciplinaire contre un Magistrat du Parquet ou un Magistrat de l'Administration Centrale du Ministère de la Justice ne peut être prononcée sans l'avis de la Commission d'Avancement et de Discipline placée sous l'autorité du Ministre de la Justice.

Les sanctions disciplinaires applicables aux Magistrats du Parquet et de l'Administration Centrale du Ministère de la Justice sont les suivantes :

- La réprimande avec inscription au dossier ;
- Le déplacement d'office ;
- La radiation du Tableau d'avancement;
- Le retrait de certaines fonctions ;
- L'abaissement d'échelon ;
- La rétrogradation ;
- La mise à la retraite d'office ou l'admission à cesser ses fonctions lorsque le Magistrat n'a pas droit à une pension de retraite ;
- La révocation, avec ou sans suspension des droits à pension.

La Commission d'Avancement et de Discipline est saisie par le Ministre de la Justice de faits motivant une poursuite disciplinaire.

Le Ministre de la Justice transmet à la Commission le dossier personnel du Magistrat mis en cause et toutes les pièces fondant cette poursuite.

Si ces faits motivent également une poursuite judiciaire, il y joint les pièces afférentes à cette poursuite.

La Commission d'Avancement et de Discipline siège au Parquet Général de la Cour Suprême.

L'ordre du jour des séances est arrêté par le Procureur Général près la Cour Suprême et communiqué au Président de la République et au Ministre de la Justice.

Le texte de l'ordre du jour est annexé à la convocation adressée aux membres de la Commission.

Les membres de la Commission sont convoqués cinq jours avant la date fixée pour la séance.

Ce délai peut être réduit à quarante-huit heures en cas de nécessité.

Lorsque la Commission d'Avancement et de Discipline est saisie, elle charge le Rapporteur de mener l'enquête. Cette enquête comporte audition du Magistrat mis en cause, du plaignant et des témoins, s'il y a lieu.

L'enquête une fois terminée, le Magistrat est cité à comparaître devant la Commission. Il lui est fait communication de son dossier.

Au jour fixé par la citation, le Magistrat déféré est invité à fournir ses explications et à développer ses moyens de défense sur les faits articulés contre lui. Il peut se faire assister d'un Avocat.

Si le Magistrat cité, hors le cas de force majeure, ne comparaît pas, la Commission peut passer outre.

La Commission délibère à huis clos à la majorité des voix.

En cas de partage, la voix de son Président est prépondérante.

La décision de la Commission d'Avancement et de Discipline constitue un avis qui est soumis à l'appréciation souveraine du Ministre de la Justice. Celui-ci peut entériner cette décision ou la modifier.

Lorsque la poursuite concerne un membre de la Commission, celui-ci ne peut siéger tout au long de l'examen de son dossier. Il lui est substitué un autre Magistrat du Parquet désigné par le Procureur Général près la Cour Suprême, à moins qu'il ne s'agisse d'un Magistrat de l'Administration Centrale du Ministère de la Justice, auquel cas, c'est le Ministre de la Justice qui procède à cette désignation.

Les dépenses nécessaires au fonctionnement de la Commission d'Avancement et de Discipline des Magistrats du Parquet et ceux de l'Administration Centrale du Ministère de la Justice sont supportées par le Budget du Ministère de la Justice.

Section 15 : La cessation des fonctions

Paragraphe 1 : La cessation définitive des fonctions

La cessation définitive des fonctions, sous réserve des dispositions des articles 35 et 36 du Statut de la Magistrature résulte de :

- La démission régulièrement acceptée ;
- L'admission à cesser ses fonctions lorsque le Magistrat n'a pas droit à pension ;
- La mise à la retraite et de la révocation.

A- La démission :

Aux termes des dispositions de l'article 121 de la Loi L/2001/028 AN du 31 décembre 2001adoptant et promulguant la Loi portant Statut Général des Fonctionnaires : « Le fonctionnaire a le droit de démissionner. La démission résulte d'une demande écrite du fonctionnaire marquant sa volonté non équivoque et inconditionnelle de quitter définitivement la Fonction Publique.

L'avis du Chef de l'Administration dont relève le fonctionnaire et la décision de l'autorité compétente doivent intervenir dans un délai de trois mois. Passé ce délai, la démission est réputée acceptée ».

L'acceptation de la démission la rend irrévocable.

La démission est prononcée par Arrêté du Ministre chargé de la Fonction Publique.

Le fonctionnaire qui quitte ses fonctions avant l'acceptation de sa démission ou avant l'expiration du délai fixé peut faire l'objet d'une sanction disciplinaire de troisième degré, indique le même texte de Loi.

B- L'admission à cesser ses fonctions et la mise à la retraite :

Sous réserve des prorogations pouvant résulter des textes applicables à l'ensemble des agents de l'Etat, la limite d'âge est fixée à 65 ans pour tous les Magistrats.

L'admission à la retraite donne droit à une pension dont le régime est déterminé par Décret.

C - La révocation :

La révocation est une sanction disciplinaire qui entraîne soit la perte de la fonction exercée, soit la perte de la qualité de fonctionnaire ce qui provoque la radiation des effectifs de la Fonction publique.

Le pouvoir de révocation entraînant la perte de la fonction exercée appartient à l'autorité ayant le pouvoir de nomination.

La révocation ne peut être prononcée qu'au terme de la procédure disciplinaire. Elle peut intervenir lorsque, par exemple le Magistrat, par son comportement porte atteinte gravement à l'intégrité des Institutions judiciaires au point de faire perdre aux justiciables toute confiance dans le fonctionnement de la Justice.

La révocation peut être recommandée en cas de manquement à l'honneur et à la dignité ou aux devoirs de la charge.

Le pouvoir de révocation entraînant la perte de la qualité de fonctionnaire et la radiation des effectifs de la Fonction Publique appartiennent au Ministre chargé de la Fonction Publique sauf pour le fonctionnaire nommé par Décret (Cas du Magistrat, par exemple).

En cas d'abus de l'autorité, le fonctionnaire peut recourir à la juridiction administrative compétente.

Paragraphe 2 : L'honorariat

Tout Magistrat admis à la retraite est autorisé à se prévaloir de l'honorariat de ses fonctions.

Aux termes de l'article 42 alinéa 1er de la Loi Organique L/91/011/CTRN du 23 décembre 1991, « Les Magistrats qui, après plus de vingt années consécutives d'activité, cessent leurs fonctions, peuvent être admis par Décret à l'honorariat de leurs dernières fonctions ou d'un grade immédiatement supérieur ».

Toutefois l'honorariat peut être refusé au moment du départ du Magistrat par une décision motivée de l'autorité qui prononce la mise à la retraite, après avis du Conseil Supérieur de la Magistrature en ce qui concerne les Magistrats du Siège.

Les Magistrats honoraires demeurent attachés en cette qualité à la juridiction à laquelle ils appartenaient.

Ils continuent à jouir des honneurs et privilèges attachés à leur état et peuvent assister en costume d'audience aux cérémonies solennelles de leur juridiction.

Ils prennent rang à la suite des Magistrats de leur grade.

L'honorariat ne confère aucun avantage pécuniaire ou en nature.

Le retrait de l'honorariat peut être prononcé pour des motifs tirés du comportement du Magistrat honoraire depuis son admission à la retraite ou pour des faits constitutifs d'une faute disciplinaire. C'est la raison pour laquelle les dispositions de l'article 42 du Statut de la Magistrature indiquent clairement que : « Les Magistrats honoraires sont tenus à la réserve qui s'impose à leur condition ».

Après avoir passé en revue les Magistrats professionnels, examinons à présent cette seconde catégorie de Serviteurs de la Justice que sont les Magistrats non professionnels.

CHAPITRE II : LES MAGISTRATS NON PROFESSIONNELS

Dans de nombreux cas, l'œuvre de justice reçoit l'apport extérieur et la participation de personnes qui ne sont pas des Magistrats professionnels.

Le souci du Législateur de faire participer de non professionnels dans la Magistrature peut être perçu de trois manières :

- D'une part, il faut y voir la volonté du Législateur de faire juger certaines personnes par leurs pairs : Le cas, par exemple, du Tribunal Militaire ;

- D'autre part, la volonté d'associer au jugement des techniciens de disciplines non juridiques, susceptibles d'apporter à l'œuvre de justice leurs connaissances. C'est le cas, par exemple des deux Assesseurs siégeant aux côtés du Juge des enfants au Tribunal pour enfants ou au Tribunal du Travail ;

- Enfin, le législateur, dans le cas de la Cour d'Assises, entend réserver à la Souveraineté populaire la connaissance des crimes.

Ce système dans lequel les Magistrats non professionnels sont associés à des Juges professionnels est appelé l'échevinage.

Section 1 : Les membres de la Cour d'Assises

Paragraphe 1 : Compétence de la Cour d'Assises

La Cour d'Assises, juridiction dit-on populaire à cause des citoyens la composant montre à suffisance la présence de « Magistrats non professionnels » lors des jugements en matière criminelle.

La Cour d'Assises est une juridiction répressive compétente pour juger les crimes ainsi que des délits et contraventions ayant avec eux un lien de connexité et les délits commis à son audience. Mais elle est incompétente pour les crimes jugés par les juridictions d'exception.

Paragraphe 2 : Composition de la Cour d'Assises

La Cour d'Assises comporte deux éléments distincts :

1 - L'un professionnel ou Cour proprement dite, qui comprend trois Magistrats : Le Président, « Président des Assises » et deux Assesseurs, Magistrats.

Le Président est soit le Premier Président de la Cour d'Appel, soit fréquemment un Président de Chambre ou même un Conseiller à la Cour désigné pour la session par le Premier Président de la Cour d'Appel.

Les Assesseurs, également choisis par le Premier Président, sont des Conseillers à la Cour ou des Magistrats du Tribunal de première Instance ou de la Justice de paix du lieu où siègent les Assises à la condition qu'ils n'aient pas participé à la poursuite ou à l'instruction des affaires, en raison de la règle de la séparation des fonctions de jugement, d'instruction et de poursuite.

2 - L'autre non professionnel, composé de quatre citoyens dits « Jurés » et qui forment le Jury de là le nom de juridiction populaire souvent donné à la Cour d'Assises.

A- Les conditions pour être Juré :

Pour être juré, c'est-à-dire être investi d'une fonction judiciaire, la Loi exige un certain nombre de conditions d'aptitude.

Les conditions d'aptitude aux fonctions de Juré sont indiquées à l'article 252 du Code de procédure pénale qui dispose que « Peuvent seuls remplir les fonctions de Juré, les citoyens guinéens de l'un et l'autre sexe âgés de plus de trente ans, sachant lire et écrire en français, non atteints de surdité, jouissant des droits politiques, civils et de famille, et ne se trouvant dans aucun cas d'incapacité ou d'incompatibilité énumérés » par les articles 253 et 254 du Code de procédure pénale.

Sont dispensés des fonctions de Juré s'ils le requièrent les septuagénaires, ceux qui ont rempli lesdites fonctions pendant l'année courante et les ministres de cultes.

B- Les incapacités :

Aux termes des dispositions de l'article 253 du Code de procédure pénale, « Sont incapables d'être Juré :

1 - Les individus ayant été condamnés pour crime ou délit de droit commun ;
2 - Ceux qui sont en état d'accusation ou de contumace et ceux qui sont sous mandat de dépôt ou d'arrêt ;
3 - Les fonctionnaires et agents de l'Etat et des Communes révoqués de leurs fonctions ;
4 - Les Officiers ministériels destitués et les membres des Ordres professionnels frappés d'une interdiction définitive d'exercer par une décision juridictionnelle ;
5 - Les faillis non réhabilités dont la faillite a été déclarée par un jugement exécutoire en Guinée ;
6- Les aliénés interdits ou internés ainsi que les individus pourvus d'un Conseil judiciaire ;
7 - Ceux auxquels les fonctions de Juré ont été interdites par décision de Justice ».

C- Les incompatibilités :

Les incompatibilités sont indiquées à l'article 254 du Code de procédure pénale qui précise que « Les fonctions de Juré sont incompatibles avec celles qui sont énumérées ci-après :

1 - Membre du Gouvernement, de l'Assemblée Nationale, du Conseil Supérieur de la Magistrature et du Conseil Economique et Social ;

2 - Secrétaire Général du Gouvernement, membre d'un Cabinet ministériel, Directeur d'un Service ministériel ou d'un Service public, Gouverneur, Préfet, Sous-préfet, Magistrat de l'ordre judiciaire;

3 - Fonctionnaire des Services de Police et des Forces publiques nationales, militaires de l'Armée de Terre, de Mer ou de l'Air en activité de service ;

4 - Fonctionnaire ou préposé du Service actif des Douanes, des Contributions diverses et des Eaux et Forêts de l'Etat.

Nul ne peut être Juré dans une affaire où il a accompli un acte de Police judiciaire ou d'instruction ou dans laquelle il est témoin, interprète, dénonciateur, expert, plaignant ou partie civile ».

D- Le recrutement du Jury :

Il est établi, pour une période de trois ans, dans le ressort de chaque Cour d'Appel une liste du Jury criminel.

Cette liste comprend une liste principale de 60 noms de personnes ayant leur résidence dans la ville du siège de la Cour d'Appel et une liste supplémentaire de 20 noms de personnes par Préfecture.

A la fin de chaque période triennale, le Gouverneur de la ville de Conakry et les Préfets établissent le 1er octobre, chacun en ce qui le concerne, les listes définies à l'article 257 du Code de procédure pénale, et les transmettent, avant le 1er décembre, au Procureur de la République du ressort qui les fait parvenir au Procureur Général près la Cour d'Appel.

Les listes des Jurés près la Cour d'Assises sont définitivement arrêtées le 1er janvier de chaque période triennale, par le Ministre de la Justice. Elles sont publiées au Journal Officiel de la République.

Les Procureurs de la République sont tenus d'informer immédiatement le Ministre de la Justice, des décès, des incapacités ou des incompatibilités légales qui frapperaient les personnes dont les noms sont portés sur les listes.

Le Préfet notifie à chacun des Jurés l'extrait de la liste le concernant, dans les quinze jours de l'établissement de cette liste (Article 256 à 261 du Code de procédure pénale).

E- Le Jury de jugement :

Au siège de chaque Cour d'Assises, dix jours au moins avant celui fixé pour l'ouverture de la session, le Président de la Cour d'Assises tire au sort, sur la liste principale, les noms de quatre Jurés titulaires et les noms de quatre Jurés suppléants, pour le service de la session.

Au siège des autres juridictions cette formalité peut être accomplie, en l'absence du Président de la Cour d'Assises, par le Président de la juridiction de première Instance.

Le Président de la Cour d'Appel peut, en raison de l'importance ou du nombre élevé des affaires au rôle de la session, ordonner que les quatre Jurés titulaires et les quatre Jurés suppléants nécessaires au service de la session seront remplacés par un ou plusieurs groupes de quatre Jurés titulaires et de quatre Jurés suppléants dont les noms seront tirés au sort dans les conditions prévues par le Code de procédure pénale.

Le tirage au sort a lieu en audience publique, en présence du Ministère public, des accusés, de leurs défenseurs et des interprètes. La présence des parties civiles régulièrement constituées ou de leurs Conseils n'est pas obligatoire (Article 282 à 284 du Code de procédure pénale).

F- Opérations concernant les récusations :

Les opérations sont décrites à l'article 286 du Code de procédure pénale : « L'accusé ou son Conseil d'abord, le Ministère public ensuite, récusent tels Jurés qu'ils jugent à propos, à mesure que leurs noms sortent de l'urne, sauf la limitation exprimée ci-dessous.

- L'accusé, son Conseil ou le Ministère public ne peuvent exposer leurs motifs de récusation.

- L'accusé ne peut récuser plus de trois Jurés, le Ministère public plus de deux. S'il y a plusieurs accusés, ils peuvent se concerter pour exercer leurs récusations ; ils peuvent les exercer séparément.

Dans l'un et l'autre cas, ils ne peuvent excéder le nombre de récusations déterminé pour un seul accusé.

- Si les accusés ou leurs Conseils ne se concertent pas pour récuser, le sort règle entre eux le rang dans lequel ils font les récusations. Dans ce cas, les Jurés récusés par un seul, et dans cet ordre, le sont pour tous jusqu'à ce que le nombre des récusations soit épuisé ».

Lorsque toutes ces opérations sont terminées, le Jury est définitivement constitué.

Avant de siéger, les Jurés prêtent serment.

Le Président adresse aux Jurés, debout et découverts, la formule suivante: «Vous jurez et promettez devant Dieu et devant les Hommes d'examiner avec l'attention la plus scrupuleuse les affaires qui vous seront soumises pendant le cours de la présente session, de ne trahir ni les intérêts des accusés, ni ceux de la Société qui les a accusés, de ne communiquer avec personne jusqu'à votre déclaration; de n'écouter ni la haine ou la méchanceté, ni la crainte ou l'affection, de vous décider d'après les charges et les moyens de défense, suivant votre conscience et votre intime conviction, avec l'impartialité et la fermeté qui conviennent à un homme probe et libre, et de conserver le secret des délibérations, même après la cessation de vos fonctions » (Article 297 du Code de procédure pénale).

Chacun des Jurés, appelés individuellement par le Président, répond en levant la main «Je le jure».

Section 2 : Les autres types de Magistrats non professionnels

A côté des Magistrats professionnels siègent également dans les juridictions du Travail (Paragraphe 1), du Tribunal Militaire (Paragraphe 2), de la Haute Cour de Justice (Paragraphe 3) et du Tribunal pour Enfants (Paragraphe 4) des Magistrats non professionnels.

Paragraphe 1 : Les Assesseurs du Tribunal du Travail

A- Compétence du Tribunal du Travail :

Le Tribunal du Travail connaît des différends individuels qui naissent entre employeur et salarié à l'occasion de la conclusion, de l'exécution, de la suspension, de la modification, de la rupture ou de la cessation du contrat de travail.

Il connaît également des litiges visés à l'article 90 du Code du Travail [23] et des litiges relatifs au droit disciplinaire et au règlement intérieur.

---

[23] *Article 90 du Code du Travail : Lorsque le projet de licenciement concerne au moins dix salariés, l'Inspection du Travail peut s'opposer à la réalisation de ce projet.*
Le droit d'opposition doit être exercé dans les quinze jours qui suivent la présentation du dossier au Service administratif.
L'opposition doit être motivée. Les motifs d'opposition peuvent être notamment la violation des règles de procédure, l'absence de cause pertinente de licenciement, l'insuffisance ou l'absence de mesures en vue de favoriser le reclassement des travailleurs menacés de licenciement.
La décision d'opposition peut être contestée par l'employeur devant le Tribunal du Travail ou la juridiction saisie. Le Tribunal du Travail peut soit rejeter le recours, soit annuler la décision d'opposition.

Le Tribunal du Travail connaît des différends individuels nés entre salariés à l'occasion du travail.

Il connaît aussi des litiges d'ordre juridique concernant la représentativité des organisations syndicales et des unions patronales, les élections des Délégués syndicaux, les conflits collectifs du travail.

B- Composition du Tribunal du Travail :

Le Tribunal du Travail comprend :

- Un Président, Magistrat ;
- Un Vice-président, Magistrat ;
- Deux Assesseurs employeurs ;
- Deux Assesseurs travailleurs.

Les Assesseurs sont choisis sur une liste annuelle arrêtée par le Ministre de la Justice, sur proposition du Ministre chargé du Travail.

Le Président du Tribunal désigne, pour chaque affaire, les Assesseurs employeurs et les Assesseurs travailleurs appartenant à la catégorie intéressée.

En cas d'empêchement, les Assesseurs titulaires sont remplacés par les Assesseurs suppléants.

Le Greffe du Tribunal est tenu par un Greffier en Chef assisté de Greffiers.

C- Nomination des Assesseurs :

Les Assesseurs titulaires et les Assesseurs suppléants nommés par Arrêté du Ministre de la Justice sur proposition du Ministre chargé du Travail, sont choisis sur les listes présentées par les organisations syndicales et les unions patronales représentatives. Les listes de présentation doivent comporter un nombre de noms double de celui des postes à pourvoir.

A défaut de présentation par les organisations syndicales ou par les unions patronales, les listes de présentation sont établies par l'Inspection du Travail.

Le mandat des Assesseurs titulaires ou suppléants est d'une durée de trois ans. Il est renouvelable.

Les Assesseurs doivent justifier de la possession de leurs droits civils et politiques.

Un employeur ou un salarié ne peut être désigné Assesseur si son casier judiciaire fait mention d'une condamnation à une peine criminelle ou à une peine correctionnelle prononcée pour une infraction autre qu'une infraction d'imprudence.

D- Serment des Assesseurs du Tribunal du Travail :

Les Assesseurs titulaires et les Assesseurs suppléants prêtent devant le Tribunal du Travail du ressort le serment suivant :

« Je jure de remplir mes fonctions avec zèle et intégrité et de garder le secret des délibérations, même après la cessation de mes fonctions ».

Par le serment qu'ils ont prêté, les Assesseurs sont tenus à l'obligation du respect du secret des délibérations.

Tout Assesseur titulaire ou suppléant qui aura gravement manqué à ses obligations dans l'exercice de ses fonctions sera appelé devant le Tribunal du Travail du ressort pour s'expliquer sur les faits qui lui sont reprochés. L'initiative de cette action appartient au Président du Tribunal du Travail et au Procureur de la République.

Le Tribunal peut, par décision motivée, prononcer la censure, la suspension des fonctions qui ne peut excéder six mois et la déchéance.

Tout Assesseur contre lequel la déchéance a été prononcée ne peut être à nouveau désigné aux mêmes fonctions.

E- Rémunération des Assesseurs du Tribunal du Travail :

L'exercice des fonctions d'Assesseur donne droit à une indemnité forfaitaire mensuelle dont le montant est fixé par Arrêté du Ministre de la Justice, Garde des Sceaux. Cette indemnité est à la charge du Budget général.

F- Droits et devoirs des Assesseurs du Tribunal du Travail :

Les Assesseurs ont le droit de poser des questions directement à toutes les parties mais à la condition d'avoir demandé la parole au Président du Tribunal qui est maître de la direction des débats et de la police de l'audience comme au niveau des autres juridictions.

Les Assesseurs ont le droit de prendre des notes.

Ils ne doivent jamais s'absenter, sans motif valable, lors des audiences.

Les Assesseurs peuvent être récusés par les parties au procès lorsqu'ils ont un intérêt personnel à la contestation, lorsqu'ils sont parents ou alliés de l'une des parties jusqu'au sixième degré, lorsqu'ils sont employeurs ou salariés de l'une des parties en cause, lorsqu'ils ont donné un avis écrit sur la contestation, lorsque dans l'année qui a précédé la récusation, il y a eu procès pénal ou civil entre eux et l'une des parties, son conjoint, ses ascendants ou ses descendants.

La récusation est formée avant tout débat. Le Président du Tribunal statue immédiatement. Si la demande est rejetée, il est passé outre aux débats ; si elle est admise, l'affaire est renvoyée à la prochaine audience au cours de laquelle l'Assesseur récusé est remplacé par un assesseur suppléant.

Paragraphe 2 : Les Membres du Tribunal Militaire

A - Compétence du Tribunal Militaire :

Le Tribunal Militaire est la juridiction d'exception compétente pour connaître de toutes les infractions d'ordre militaire en temps de paix et en temps de guerre.

Ce Tribunal est compétent pour toute la Nation.

Le Tribunal Militaire est compétent pour juger les prisonniers de guerre.

Le Tribunal connaît des infractions d'ordre militaire prévues aux articles 537 à 605 du Code pénal. Il est compétent à l'égard de tout auteur, coauteur et complice des infractions d'ordre militaire ou de toutes autres infractions commises dans le Service, dans les Etablissements militaires ou à l'occasion du Service qu'ils soient militaires ou non.

B- Composition du Tribunal Militaire :

Le Tribunal Militaire est composé ainsi qu'il suit :

1) - En matière de délit et de contravention :

- Un Président : Magistrat de l'ordre judiciaire ;
- Quatre Assesseurs : Un Magistrat de l'ordre judiciaire assisté de trois militaires d'un grade égal ou supérieur à celui du prévenu.

2) - En matière de crime :

- Un Président : Magistrat de l'ordre judiciaire ;
- Six Assesseurs : Deux Magistrats de l'ordre judiciaire assistés de quatre Juges militaires d'un grade égal ou supérieur à celui de l'accusé.

Les fonctions de Juge d'Instruction sont assumées par les Magistrats de l'ordre judiciaire.

Les fonctions du Ministère public sont remplies par un Procureur Militaire assisté de Substituts Militaires tous nommés par Décret, sur proposition du Ministre de la Défense Nationale. Celles du Greffe par un Greffier en chef de l'ordre judiciaire assisté de deux Greffiers Militaires.

C- Les infractions d'ordre militaire :

Les infractions d'ordre militaire sont indiquées dans le Livre V du Code pénal (Article 537 à 605). Il s'agit :

1 - Des infractions tendant à soustraire l'auteur à ses obligations militaires :

- L'insoumission ;
- L'abandon de poste ;
- La désertion (Désertion à l'intérieur en temps de paix, la désertion avec complot, la désertion à l'étranger, la désertion à l'ennemi ou en présence de l'ennemi, la désertion en présence d'une bande armée ou de rebelles) ;
- La provocation à l'insoumission et à la désertion, recel d'insoumis et de déserteurs;
- La mutilation volontaire.

2 - Les infractions contre l'honneur ou le devoir :

- La capitulation ;
- La trahison et le complot ;
- Le pillage et les destructions ;
- Le faux, la falsification et le détournement ;
- L'usurpation d'uniforme, de décoration, de signes distinctifs et emblèmes ;
- L'outrage au drapeau et à l'Armée ;
- L'incitation à commettre des actes contraires au devoir et à la discipline.

3 - Les infractions contre la discipline :

- L'insubordination (révolte, rébellion, refus d'obéissance, violences, voies de fait et outrage envers les supérieurs, violences

ou outrages à sentinelle ou vedette, refus d'un service légalement dû) ;
- Abus d'autorité (voies de fait et outrage à subordonné, abus du droit de réquisition, constitution illégale d'une juridiction répressive) ;
- Les infractions aux consignes.

D- La procédure devant le Tribunal Militaire :

La procédure en la matière est celle prévue des articles 876 à 880 du Code de procédure pénale.

« Les dispositions prévues par le Code de procédure pénale sont applicables devant les Juridictions Militaires.
Le Tribunal se réunit au lieu et à la date fixés par ordonnance du Président sur proposition du Procureur Militaire.
Les séances sont publiques. Le huit clos peut être ordonné mais le jugement doit être toujours rendu publiquement ».

« Le délibéré se fait en Chambre du conseil. Le Tribunal se réunit dans la salle de délibération, toutes les décisions sont prises à la majorité des voix. La délibération est sécrète ».

« A la lecture du jugement en audience publique, le Président fait comparaître les prévenus et devant la Garde rassemblée sous les armes, prononce le jugement portant condamnation, absolution ou acquittement et précise les articles des Codes et lois pénales dont il a fait application ».

« Les pouvoirs du Président du Tribunal Militaire sont ceux reconnus au Président des Assises conformément aux dispositions du Code de procédure pénale ».

Exception faite aux dispositions des articles 868 à 870 du Code de procédure pénale, la procédure devant les juridictions de jugement en période de conflits armés est celle applicable en temps de paix.

Paragraphe 3 : Les membres de la Haute Cour de Justice

A- Compétence de la Haute Cour de Justice :

La Haute Cour de Justice, régie par la Loi Organique n° 91/09/ CTRN du 23 décembre 1991, considérée comme une juridiction d'exception et politique, est compétente pour juger le Président de la République en cas de haute trahison et les membres du Gouvernement pour les crimes et délits commis dans l'exercice de leurs fonctions.

B- Composition de la Haute Cour de Justice :

La Haute Cour de Justice se compose :

- D'un Président, Magistrat de l'ordre judiciaire élu par l'Assemblée générale de la Cour Suprême au scrutin secret et à la majorité absolue des membres la composant.

L'Assemblée générale de la Cour Suprême élit dans les mêmes conditions un Président suppléant.

Il est procédé dans les mêmes conditions au remplacement du Président et du Président suppléant lorsque ceux-ci cessent leurs fonctions pour quelque cause que ce soit.

- De six Juges titulaires et de trois Juges suppléants.

Les Juges titulaires et suppléants sont élus parmi les Députés à l'Assemblée Nationale.

L'élection des Juges titulaires et suppléants a lieu au scrutin uninominal par vote secret, à la majorité absolue des Députés et dans le mois qui suit la première séance de l'Assemblée Nationale après renouvellement général.

Il est procédé dans les mêmes formes de scrutin au remplacement des Juges titulaires ou suppléants, dont les fonctions ont pris fin avant leur terme normal pour quelque cause que ce soit.

- Le Ministère public près la Haute Cour de Justice est exercé par le Procureur Général près la Cour Suprême assisté du Premier Avocat Général.

- Le Greffier en Chef de la Cour Suprême est, de droit, Greffier de la Haute Cour de Justice. Il prête serment en cette dernière qualité à l'audience publique de la Haute Cour de Justice.

C- Serment des Juges titulaires et suppléants à l'Assemblée Nationale :

Dès leur élection, les Juges titulaires et les Juges suppléants prêtent serment devant l'Assemblée Nationale.

Ils jurent et promettent de bien et fidèlement remplir leurs fonctions, de garder le secret des délibérations et des votes et de se conduire en tout comme de dignes et loyaux Magistrats.

D- Récusation des membres de la Haute Cour de Justice :

Tout membre de la Haute Cour de Justice peut être récusé :

- S'il est parent ou allié d'un accusé jusqu'au sixième degré en ligne collatérale ;
- S'il a été cité ou entendu comme témoin.

Le Ministère public ou un accusé ne peut citer un membre de la Haute Cour de Justice qu'avec l'autorisation de la Commission d'Instruction.

- S'il y a un motif sérieux d'inimitié entre lui et l'accusé.

La récusation est proposée dès l'ouverture des débats. Il y est statué par la Haute Cour de Justice.

Paragraphe 4 : Les membres du Tribunal pour Enfants

A- Compétence du Tribunal pour Enfants :

Le Tribunal pour Enfants est une juridiction d'exception compétente en matière pénale pour juger les délits et contraventions commis par les mineurs de son ressort judiciaire.

En matière criminelle le Tribunal pour Enfants fait procéder par le Juge des Enfants chargé de l'instruction une information (qui est obligatoire lorsqu'un mineur commet une infraction). Le dossier de la procédure est ensuite transmis à la Cour d'Assises des mineurs.

B- Composition du Tribunal pour Enfants :

Le Tribunal pour Enfants est composé du Juge des Enfants, Magistrat de l'ordre judiciaire, Président et de deux Assesseurs.

Les Assesseurs titulaires et suppléants sont nommés par Arrêté du Ministre de la Justice pour quatre ans.

Ils sont choisis parmi les personnes de l'un ou de l'autre sexe âgées de plus de trente ans, ressortissants de la République de Guinée et s'étant signalées par l'intérêt qu'elles portent aux questions de l'Enfance et par leur compétence.

Les fonctions de Greffier sont assurées par le Greffier en Chef du Tribunal de première Instance ou de la Justice de paix ou par un de ses Greffiers.

C- Serment des Assesseurs :

Avant d'entrer en fonction les Assesseurs titulaires et suppléants prêtent serment « de bien et fidèlement remplir leurs fonctions et de garder religieusement le secret des délibérations ».

D- Procédure devant le Tribunal pour Enfants :

La procédure est régie par les articles 722 et 723 du Code de procédure pénale :

« Le Tribunal pour Enfants statue après avoir entendu l'enfant, les témoins, les parents, le tuteur ou gardien, le Ministère public et le défenseur. Il peut entendre à titre de simples renseignements, les coauteurs ou complices majeurs.

Le Président du Tribunal pour Enfants peut, si l'intérêt du mineur l'exige, dispenser ce dernier de comparaître à l'audience. Dans ce cas, le mineur est représenté par son défenseur ou par son père, sa mère, son tuteur ou la personne qui en a la garde ; la décision est réputée contradictoire.

Le Tribunal pour Enfants reste saisi à l'égard du mineur âgé de moins de seize ans lorsqu'il décide d'appliquer une qualification criminelle aux faits dont il avait été saisi sous une qualification correctionnelle. Il ordonne, dans ce cas, un supplément d'information et délègue un juge à cette fin ».

« Chaque affaire est jugée séparément en l'absence de tous autres prévenus.

Seuls sont admis à assister aux débats les témoins de l'affaire, les proches parents, le tuteur ou le représentant légal du mineur, les membres du Barreau, les représentants des sociétés de patronages, et des services ou institutions s'occupant des enfants, les Délégués à la liberté surveillée.

Le Président peut, à tout moment, ordonner que le mineur se retire pendant tout ou partie de la suite des débats, il peut de même ordonner aux témoins de se retirer après leur audition.

La publication du compte rendu des débats des Tribunaux pour Enfants dans les livres, la presse, la radiophonie, la cinématographie ou de quelque manière que ce soit, est interdite.

La publication par les mêmes procédés, de tout texte ou de toute illustration concernant l'identité et la personnalité des mineurs délinquants est également interdite.

Les infractions à ces dispositions sont punies d'une amende de 50.000 à trois millions de francs guinéens.

En cas de récidive, un emprisonnement de deux mois à deux ans peut être prononcé.

Le jugement est rendu en audience publique, en la présence du mineur. Il peut être publié, mais sans que le nom du mineur puisse être indiqué, à peine d'une amende de 50.000 à 300.000 francs guinéens ».

Paragraphe 5 : Les membres de la Cour d'Assises des mineurs

A- Compétence de la Cour d'Assises des mineurs :

La Cour d'Assises des mineurs est la juridiction chargée de juger tout mineur âgé de 16 ans au moins, accusé de crime.

La Cour d'Assises des mineurs se réunit durant la session de la Cour d'Assises.

B- Composition de la Cour d'Assises des mineurs :

La Cour d'Assises des mineurs est composée d'un Président, Magistrat de l'ordre judiciaire, de deux Conseillers et de six Jurés.

Le Président de la Cour d'Assises des mineurs est désigné et remplacé s'il y a lieu dans les conditions prévues pour le Président de la Cour d'Assises de droit commun par les articles 241 à 244 du Code de procédure pénale.

Les deux Conseillers, Magistrats de l'ordre judiciaire, sont pris, sauf impossibilité, parmi les juges des enfants du ressort de la Cour d'Assises et désignés dans les formes des articles 245 à 249 du Code de procédure pénale.

Les six Jurés sont ceux tirés au sort pour la session de la Cour d'Assises.

Les fonctions du Ministère public près la Cour d'Assises des mineurs sont remplies par les membres du Ministère public près la Cour d'Appel.

Le Greffier de la Cour d'Appel exerce les fonctions de Greffier de la Cour d'Assises des mineurs.

C- Le serment des Jurés de la Cour d'Assises des mineurs :

Les Jurés de la Cour d'Assises des mineurs étant ceux tirés au sort pour la session de la Cour d'Assises prêtent le même serment.[24]

Section 3 : Les arbitres de la Chambre d'Arbitrage de Guinée (CAG)

Créée par le Décret D/150/PRG/SGG du 11 août 1998, la Chambre d'Arbitrage de Guinée (CAG) est le deuxième Service rattaché du Ministère de la Justice.[25]

Cette Chambre d'Arbitrage est placée à titre transitoire sous le contrôle du Ministère de la Justice.

Les Chambres Consulaires de la République de Guinée pourront demander leur substitution au Ministère de la Justice dans le contrôle de la Chambre d'Arbitrage de Guinée.

La décision de transfert du pouvoir de contrôle déterminera le nouveau statut de la Chambre d'Arbitrage de Guinée.

---

[24] *Voir teneur de ce serment aux pages 197 et 198.*
[25] *La Chambre d'Arbitrage de Guinée sera officiellement installée le 8 juin 1999.*

Paragraphe 1 : Les arbitres et l'importance de l'arbitrage

Les principales conditions pour être arbitre se résument en deux :

1 - L'arbitre choisi doit être une personne physique et non une personne morale. Cette personne physique peut être choisie en dehors de toute considération de nationalité ;

2 - L'exercice des droits civils : L'arbitre choisi doit avoir le plein exercice de ses droits civils. Ne peuvent donc être arbitres les mineurs non émancipés, les majeurs en curatelle ou en tutelle, les personnes condamnées à la privation des droits civiques, civils et de famille.

Outre ces conditions essentielles :

- L'arbitre a l'obligation d'accepter la mission qui lui sera confiée. Cette acceptation peut être indifféremment expresse ou tacite ;

- La désignation des arbitres peut être faite soit par les parties elles-mêmes (cette désignation peut figurer dans la clause compromissoire ou dans le compromis), soit par une Institution permanente d'arbitrage (Par exemple la Chambre d'Arbitrage de Guinée), soit, enfin, par un Juge étatique.

L'importance de l'arbitrage n'est plus à démontrer de nos jours. Outre les règles indiquées dans le Décret D/150/PRG/SGG du 11 août 1998, les dispositions contenues dans le Code civil, le Code des Activités économiques et le Code de procédure civile, économique et administrative montrent toute l'importance pour les opérateurs économiques.

En choisissant de recourir à l'arbitrage, les parties s'engagent dans une procédure privée du règlement de leur litige en lieu et place de la procédure judiciaire ordinaire.

Au regard de ses principales caractéristiques :

- L'arbitrage est une procédure consensuelle c'est-à-dire que les parties consentent de recourir à cette procédure privée en insérant dans leur contrat une clause d'arbitrage ;

- Les parties choisissent elles-mêmes le ou les arbitres. La Chambre d'Arbitrage de Guinée détient une liste d'arbitres qui ont des compétences dans de nombreux domaines de la vie juridique, économique ou technique, qu'elle peut mettre à la disposition des parties ;

- L'arbitrage offre une garantie de neutralité et de confidentialité, etc.

La mission de la Chambre d'Arbitrage de Guinée est d'offrir aux opérateurs économiques nationaux et étrangers les moyens de régler leurs différends par des Arbitres librement choisis par eux.
A ce titre, elle est chargée d'organiser et de superviser les opérations d'arbitrage.

Le siège de la Chambre d'Arbitrage de Guinée est établi à Conakry dans le quartier « Bellevue » dans la Commune de Dixinn au 2ème étage de l'immeuble dénommé « Tour Soumah ».

Paragraphe 2 : La structure de la Chambre d'Arbitrage de Guinée

La Chambre d'Arbitrage de Guinée est dotée de trois organes : Un Conseil d'Administration, un Comité d'Arbitrage et un Bureau Administratif.

A- Le Conseil d'Administration comprend sept membres désignés comme suit :

- Un expert comptable désigné par le Ministre chargé de la Promotion du Secteur Privé, de l'Industrie et du Commerce, sur proposition de l'Ordre des Experts comptables agréés ;
- Un expert juriste désigné par le Ministre de la Justice ;

- Un expert banquier désigné par le Ministre chargé des Finances, sur proposition de l'Association Professionnelle des Banques ;
- Un représentant de la Chambre des Mines ;
- Un représentant de la Chambre d'Agriculture ;
- Un représentant de la Chambre d'Industrie, du Commerce et d'Artisanat dont un membre du Secteur de l'Industrie et un membre du Secteur du Commerce, de l'Artisanat et des Services.

Les membres du Conseil d'Administration sont choisis obligatoirement parmi les hommes d'affaires connus pour leur intégrité morale, n'ayant subi aucune condamnation pénale et capable de maîtriser les affaires pouvant être soumises à la Chambre d'Arbitrage ; les juristes connus pour leur compétence en matière de Droit des affaires ; les personnes ayant des compétences dans l'assistance au secteur privé.

Le Conseil d'Administration a un mandat de trois ans renouvelable une seule fois.

La fonction de membre du Conseil d'Administration est gratuite.

Le Président du Conseil d'Administration de la Chambre d'Arbitrage de Guinée est élu par le Conseil d'Administration pour un mandat de trois ans renouvelable une seule fois.

Le Président du Conseil d'Administration de la Chambre d'Arbitrage de Guinée veille au bon fonctionnement de l'Institution. Il convoque et préside les réunions du Conseil d'Administration.

Le Président du Conseil d'Administration est révocable par le Conseil d'Administration et ne peut démissionner que sous réserve d'un préavis de trois mois.

Le Conseil d'Administration a le pouvoir :

- De nommer le Secrétaire Général de la Chambre d'Arbitrage ;
- D'élire les membres du Comité d'Arbitrage ;
- De modifier le règlement intérieur

B - Le Comité d'Arbitrage de la Chambre d'Arbitrage de Guinée :

Le Comité d'Arbitrage est une cellule technique comprenant trois membres titulaires et trois membres suppléants, tous désignés par le Conseil d'Administration de la Chambre d'Arbitrage.

Il est chargé de l'ensemble des tâches relatives au bon déroulement de la procédure d'Arbitrage conformément aux dispositions en vigueur.

C- Le Bureau Administratif de la Chambre d'Arbitrage de Guinée :

Le Bureau Administratif comprend un Service de Secrétariat, un Service de Comptabilité et un Service de Documentation.

Il est dirigé par un Secrétaire Général qui est chargé de la gestion administrative et financière de la Chambre d'Arbitrage sous le contrôle du Conseil d'Administration.

Le Secrétaire Général, les Chefs de Service et tous les autres agents du Bureau Administratif sont désignés sur la base de critères de compétence et de probité par le Conseil d'Administration de la Chambre d'Arbitrage.

Paragraphe 3 : Fonctionnement de la Chambre d'Arbitrage de Guinée

La Chambre d'Arbitrage de Guinée fonctionne suivant les règles de gestion privée.

Les ressources de la Chambre d'Arbitrage sont les ressources propres de la Chambre d'Arbitrage ; les subventions (qu'elle a reçu pendant la période transitoire dont le budget était inscrit au Chapitre 3 du Titre IV du Budget de l'Etat, Subventions et appuis aux Services publics), les subventions des Chambres Consulaires, les subventions publiques nationales et de la Coopération internationale, les dons et legs.

CONCLUSION

Quels meilleurs conseils à donner au Magistrat ?

Le Magistrat, dans la majesté de sa robe, les honneurs que l'on rend à sa dignité, lui qui a seul le pouvoir de statuer sur les biens, la liberté et la vie d'une personne s'élève au-dessus des hommes. Il se rapproche du Dieu divin.

Il doit à cet égard se souvenir que toutes ses actions sont à sa charge ; qu'il est comptable de ses actions devant Dieu qui sonde les cœurs des hommes.

Daguesseau a dit que « Tout homme portant robe doit imposer respect quoiqu'il fit ».

Comme la lumière du jour, les Magistrats doivent éclairer l'univers par le bon exemple de la vertu, de la piété et de la Justice.

Le Magistrat doit être d'une probité morale exemplaire.

Il doit considérer la corruption comme une horreur de la nature, un monstre profanant le Temple sacré de Thémis.

Le Magistrat ne doit pas laisser influencer ses décisions par l'amitié, l'émotion, la générosité ; par les craintes, menaces ou intimidations de la Hiérarchie. Il doit penser à la veuve, à l'orphelin, à l'étranger, au faible, au pauvre mais aussi au riche si ce dernier a raison.

Le Magistrat doit éviter des familiarités avec les parties. « La familiarité trop grande, lit-on dans « Les essais sur l'idée du parfait Magistrat », diminue toujours quelque chose du respect qui est du aux Juges et même d'une certaine autorité qui leur est nécessaire pour faire dans les occasions des remontrances sur le fait de leurs devoirs. C'est une des raisons qui obligent le parfait Magistrat à mener une vie assez retirée et à ne se mêler que très peu dans les divertissements du monde ».

Le Magistrat doit avoir l'amour de son état. Cet amour profond est comparable à celui du soldat à l'égard du drapeau qu'il défend, de la terre pour le paysan, de la mère pour son enfant.

Pour le Magistrat, c'est la modération et la tempérance. Avoir ainsi une grande dignité de la vie car si l'honneur et la dignité de sa vie privée sont souillés, les taches de cette souillure s'étendront inévitablement sur sa vie de Magistrat.

Par sa sobriété, le Magistrat doit être le miroir et le bel exemple des vertus. Il doit éviter le luxe insolent qui attise la soif des richesses, la cupidité et l'orgueil.

Le Magistrat doit marquer de son empreinte à travers ses décisions. Il ne doit pas céder aux caprices du Gouvernement et des parties au procès.

En accomplissant, en son âme et conscience, ses obligations professionnelles, le Magistrat trouvera inéluctablement la paix de l'esprit et la paix du cœur pour goûter à la satisfaction intime par le seul fait qu'il est Magistrat.

ANNEXE

EXTRAIT DE LA LOI FONDAMENTALE

LA LOI FONDAMENTALE

TITRE VII : DU POUVOIR JUDICIAIRE

Article 80 : Le Pouvoir Judiciaire est indépendant du Pouvoir Exécutif et du Pouvoir Législatif.

Il est exercé exclusivement par les Cours et Tribunaux.

Article 81 : Les Magistrats ne sont soumis, dans l'exercice de leurs fonctions, qu'à l'autorité de la Loi. Les Magistrats du Siège sont inamovibles dans les conditions déterminées par la Loi.

Les Magistrats sont nommés par le Président de la République, ceux du Siège, après avis du Conseil Supérieur de la Magistrature.

Le Statut, la carrière, les garanties d'indépendance des Magistrats sont fixés par une Loi Organique.

Article 82 : La composition, le fonctionnement, la compétence et l'organisation du Conseil Supérieur de la Magistrature sont fixés par une Loi Organique.

Lorsqu'il siège en formation disciplinaire, le Conseil Supérieur de la Magistrature est présidé par le Président de la Cour Suprême.

Article 83 : La Cour Suprême connaît de la constitutionnalité des Lois et des engagements internationaux, dans les conditions prévues aux articles 64, 67 et 78.

Elle connaît en premier et dernier ressort des recours formés contre les actes du Président de la République pris en application des articles 38, 60 et 74, ainsi que des recours formés contre les Ordonnances prises en application de l'article 66, sous réserve de leur ratification.

Elle connaît en premier et dernier ressort des recours formés contre les élections à l'Assemblée Nationale et aux Assemblées Locales.

Elle connaît des pourvois en cassation.

Les autres compétences de la Cour Suprême, non prévues par la Loi Fondamentale, et la procédure suivie devant elle sont déterminées par une Loi Organique.

Article 84 : La qualité de membre de la Cour Suprême est incompatible avec toute autre fonction publique ou privée, notamment élective.

Sauf le cas de flagrant délit, les Magistrats de la Cour Suprême ne peuvent être poursuivis, arrêtés, détenus ou jugés en matière pénale qu'avec l'autorisation préalable de l'assemblée générale de la Cour Suprême. Celle-ci attribue compétence à la juridiction qu'elle détermine.

La composition de la Cour Suprême, le Statut, les incompatibilités et les garanties d'indépendance de ses membres sont fixés par une Loi Organique.

....

LE STATUT DE LA MAGISTRATURE

« Je jure de bien et loyalement remplir mes fonctions de Magistrat, de rendre impartialement la Justice, de garder scrupuleusement le secret des délibérations et des votes et d'observer en tout, la réserve, l'honneur et la dignité que ces fonctions imposent ».

LOI ORGANIQUE L/91/011/CTRN DU 23 DECEMBRE 1991 PORTANT STATUT DE LA MAGISTRATURE

- Vu les articles 81, 93 et 94 de la Loi Fondamentale ;

- Le Conseil Transitoire de Redressement National a délibéré et adopté ;

LE PRESIDENT DE LA REPUBLIQUE promulgue la Loi dont la teneur suit :

TITRE PREMIER : DISPOSITIONS GÉNÉRALES

CHAPITRE PREMIER : NOMINATION, RECRUTEMENT, PRESTATION DE SERMENT, INSTALLATION, INAMOVIBILITE, INCOMPATIBILITE

Article 1er : Les dispositions du présent Statut sont applicables aux Magistrats.

Cependant, les règles relatives au Statut Général de la Fonction publique s'appliquent aux Magistrats dans la mesure où elles ne sont pas contraires au présent Statut.

Article 2 : Les Magistrats sont nommés par Décret du Président de la République, sur proposition du Ministre de la Justice, Garde des Sceaux après avis du Conseil Supérieur de la Magistrature.

Article 3 : Nul ne peut être nommé Magistrat s'il ne réunit les conditions suivantes :

- Etre de nationalité guinéenne ;
- Jouir de ses droits civils et civiques ;
- Etre de bonne moralité ;

- Etre titulaire d'une Maîtrise en Droit au moins ou d'un Diplôme reconnu équivalent par le Ministre chargé de l'Education Nationale;
- Etre Diplômé d'une Ecole de Magistrature ;
- Etre reconnu indemne ou définitivement guéri de toute maladie contagieuse et de toute affection susceptible de donner lieu à congé de longue durée.

Article 4 : Peuvent être nommés directement Magistrats :

1 - Les Avocats inscrits au Barreau guinéen et ayant plus de cinq années de pratique professionnelle ;

2 - Les Professeurs, Maîtres de conférence et Maîtres assistants dans une Faculté de Droit depuis plus de deux années universitaires.

Le grade et l'échelon des Magistrats ainsi nommés directement sont fixés par le Ministre de la Justice, Garde des Sceaux après avis du Conseil Supérieur de la Magistrature.

Article 5 : Les candidats inscrits à l'Ecole de Magistrature reçoivent le titre d'Auditeur de Justice et perçoivent une indemnité.

Article 6 : Préalablement à toute activité, ils prêtent serment devant la Cour d'appel, en ces termes :

« Je jure de garder scrupuleusement le secret professionnel et de me conduire en digne et loyal Auditeur de Justice».

Article 7 : Avant leur installation dans les fonctions où ils viennent d'être nommés, les Magistrats prêtent serment dans les termes ci-après :

« Je jure de bien et loyalement remplir mes fonctions de Magistrat, de rendre impartialement la Justice, de garder scrupuleusement le secret des délibérations et des votes et d'observer en tout, la réserve, l'honneur et la dignité que ces fonctions imposent ».

Article 8 : Le serment est prêté, en audience solennelle, lors de la nomination en qualité de membre d'une juridiction d'instance.

Il est reçu par la Cour d'Appel pour les Magistrats de la première Instance et la Cour Suprême pour les Magistrats de la Cour d'Appel.

Si le serment est prêté par écrit, il en sera donné acte par la Cour d'Appel ou la Cour Suprême et le procès-verbal sera inscrit sur un registre spécial.

Lorsque le serment est prêté de vive voix, le procès-verbal sera dressé et inscrit sur ledit registre qui sera, dans tous les cas, signé par tous les Magistrats qui auront reçu le serment.

Une expédition du procès-verbal du serment sera classée au Greffe de la juridiction où le Magistrat concerné exerce ses fonctions.

Article 9 : Les Magistrats du Siège sont inamovibles. Ils ne peuvent, sans leur consentement préalable, recevoir une affectation nouvelle même par voie d'avancement.

Toutefois, lorsque les nécessités du Service l'exigent, les Magistrats du Siège peuvent être déplacés par l'autorité de nomination, sur avis conforme et motivé du Conseil Supérieur de la Magistrature.

Article 10 : Les Magistrats des Parquets, des Cours et Tribunaux sont placés sous la direction et le contrôle de leurs chefs hiérarchiques et sous l'autorité du Ministre de la Justice, Garde des Sceaux.

A l'audience, leur parole est libre. Ils peuvent dans l'intérêt du Service, être affectés d'office ou sur leur demande sans avancement d'une juridiction à une autre par l'autorité de nomination.

Article 11 : La qualité de Magistrat est incompatible avec toute activité publique ou privée, ou tout mandat électoral.

Cependant, des dérogations individuelles peuvent être accordées aux Magistrats par décision du Ministre de la Justice, Garde des Sceaux pour enseigner ou pour exercer des fonctions ou des activités qui ne seraient pas de nature à porter atteinte à la dignité du Magistrat et à son indépendance.

Les Magistrats peuvent sans autorisation préalable, se livrer à de travaux scientifiques, littéraires ou artistiques.

Il leur est interdit de traiter dans les journaux des sujets autres que ceux d'ordre professionnel ou ceux visés à l'alinéa précédent.

Les dispositions des alinéas 1 et 5 ci-dessus ne sont pas applicables aux Magistrats en position de détachement et remplissant des fonctions de membres du Gouvernement.

Article 12 : Les parents ou alliés, jusqu'au degré d'oncle et de neveu inclusivement, ne peuvent simultanément siéger à la même audience d'un Tribunal, de la Cour d'Appel ou de la Cour Suprême, soit comme Juges ou Conseillers, soit comme Magistrats du Ministère public sans une dispense du Conseil Supérieur de la Magistrature.

Il n'est accordé aucune dispense pour les juridictions composées de moins de quatre Magistrats.

Nul Magistrat ne pourra connaître d'une affaire dans laquelle l'une des parties serait représentée par un Conseil ou un mandataire qui serait un parent ou allié jusqu'au degré d'oncle et de neveu inclusivement.

Article 13 : Aucun Magistrat ne peut sous peine de nullité des actes intervenus, se rendre acquéreur ou cessionnaire, soit par lui-même, soit par tierce personne, des droits litigieux qui sont de la compétence des juridictions dans le ressort desquelles il exerce ses fonctions, ou des biens, droits et créances dont il doit poursuivre ou autoriser la vente. Il ne pourra en outre ni prendre lesdits biens en louage ni les recevoir en nantissement.

Article 14 : Nul Magistrat ne peut procéder à un acte de ses fonctions :

- Lorsqu'il s'agit de ses propres intérêts, de ceux de sa femme, de ses parents, ou alliés en ligne directe ou en ligne collatérale, jusqu'au troisième degré inclusivement ;
- Lorsqu'il s'agit d'une personne dont il est le représentant ou le mandataire.

Article 15 : Les Magistrats, même en position de détachement, n'ont pas le droit d'adhérer à un parti politique et toute manifestation politique leur est interdite.

Leur sont également interdites, toute manifestation d'hostilité au principe ou à la forme du Gouvernement, de même que toute démonstration de nature politique incompatible avec la réserve que leur imposent leurs fonctions, ainsi que toute action concertée susceptible d'arrêter ou d'entraver le fonctionnement des juridictions.

Article 16 : Nul Magistrat ne peut être affecté à un Cabinet ministériel ni être placé en position de détachement s'il n'a accompli au moins cinq années de fonctions judiciaires effectives depuis son entrée dans la Magistrature.

Article 17 : Indépendamment des règles édictées par le Code pénal et les lois spéciales, les Magistrats sont protégés contre les menaces et attaques de quelque nature qu'elles soient, dont ils peuvent faire l'objet, dans l'exercice ou à l'occasion de leurs fonctions. L'Etat doit réparer le préjudice direct qui en résulte, dans tous les cas non prévus par la Législation.

Le Magistrat n'est responsable que de ses fautes personnelles ; celles se rattachant au service public de la Justice ne peuvent être engagées que contre l'Etat, qui peut exercer une action récursoire contre l'auteur.

TITRE II : DEVOIRS ET DISCIPLINE DES MAGISTRATS

Article 18 : Les Magistrats doivent rendre impartialement la Justice, sans considération de personnes ni d'intérêts. Ils ne peuvent se prononcer dans la connaissance personnelle qu'ils peuvent avoir d'une affaire. Ils ne peuvent défendre ni verbalement, ni par écrit, même à titre de consultation, les causes autres que celles qui les concernent personnellement.

Article 19 : Les Magistrats sont tenus de résider dans le lieu du siège de leur juridiction. Ils ne peuvent s'absenter qu'en vertu d'un congé ou d'une autorisation individuelle et temporaire accordée par les chefs de juridiction ou le Ministre de la Justice, Garde des Sceaux suivant les règles édictées par les articles 26 et suivants du présent Statut.

Article 20 : Lorsqu'un crime ou un délit est commis par un Magistrat du Siège ou du Parquet, membre d'une juridiction autre que la Cour Suprême, il ne peut être poursuivi que sur avis du Conseil Supérieur de la Magistrature.

En cas de crime, il est procédé à l'instruction de l'affaire dans les conditions fixées par l'article 326 alinéa 2 du Code de procédure pénale. Dans ce cas, l'affaire est jugée suivant les dispositions de l'article 328 et suivants du même Code.

Lorsqu'un Magistrat est poursuivi pour un délit, ce sont les dispositions de l'article 326 du même Code qui s'appliquent.

Les coauteurs et les complices sont déférés à la même juridiction.

Les Magistrats de la Cour d'Appel bénéficient du privilège de juridiction conformément à l'article 16 de la Loi Organique portant attribution, organisation et fonctionnement de la Cour Suprême et aux articles 327 et 328 du Code de procédure pénale.

Article 21 : Tout manquement par un Magistrat aux devoirs de son état, à l'honneur, à la délicatesse ou à la dignité, constitue une faute disciplinaire.

Article 22 : Les sanctions disciplinaires applicables aux Magistrats sont :

1 - La réprimande avec inscription au dossier ;
2 - Le déplacement d'office ;
3 - La radiation du tableau d'avancement ;
4 - Le retrait de certaines fonctions ;
5 - L'abaissement d'échelon ;
6 - La rétrogradation ;
7 - La mise à la retraite d'office ou l'admission à cesser ses fonctions lorsque le Magistrat n'a pas droit à une pension de retraite ;
8 - La révocation avec ou sans suspension des droits à pension.

Une faute ne peut donner lieu qu'à une seule peine, sauf pour les sanctions prévues au 3° et 6° qui peuvent être assorties du déplacement d'office.

Si un Magistrat est poursuivi en même temps pour plusieurs faits, il ne peut être prononcé contre lui qu'une seule sanction, sans préjudice de l'application de l'alinéa précédent.

Article 23 : En dehors de toute sanction disciplinaire, les chefs de juridiction ont le pouvoir de donner avertissement aux Magistrats placés sous leur autorité.

Article 24 : Le Ministre de la Justice, Garde des Sceaux saisi d'une plainte ou informé de faits de nature à entraîner des poursuites disciplinaires contre un Magistrat peut, s'il y a urgence, et sur propositions des Chefs hiérarchiques interdire au Magistrat faisant l'objet d'une enquête, l'exercice de ses fonctions jusqu'à décision définitive sur l'action disciplinaire.

L'interdiction temporaire ne comporte pas privation du droit au traitement. Cette décision prise dans l'intérêt du Service ne peut être rendue publique. Dans ce cas, le Conseil de discipline doit être saisi dans les trente jours. Passé ce délai, le Magistrat concerné reprend d'office ses fonctions.

Article 25 : Le pouvoir disciplinaire est exercé à l'égard des Magistrats du Parquet par le Ministre de la Justice, Garde des Sceaux.

Article 26 : Lorsqu'il siège comme Conseil de discipline, le Conseil Supérieur est présidé par le Premier Président de la Cour Suprême.

Il statue hors la présence du Président de la République et du Ministre de la Justice, Garde des Sceaux.

Pour délibérer valablement dans ce cas, le Conseil de discipline doit comprendre outre son Président, au moins quatre de ses membres.

Les sanctions sont adoptées à la majorité.

Article 27 : Le Ministre de la Justice, Garde des Sceaux dénonce au Conseil Supérieur de la Magistrature les faits motivant la poursuite disciplinaire.

Le Ministre de la Justice, Garde des Sceaux après avis du Conseil Supérieur, peut interdire au Magistrat incriminé l'exercice de ses fonctions jusqu'à décision définitive. Cette décision ne comporte pas privation du droit au traitement. Elle ne peut être rendue publique.

Article 28 : Le Premier Président de la Cour Suprême, en sa qualité de Président du Conseil de discipline, désigne un Rapporteur parmi les membres du Conseil.

Article 29 : Au cours de l'enquête, le Rapporteur entend ou fait entendre l'intéressé par un Magistrat ayant au moins son rang et, s'il y a lieu, le plaignant et les témoins. Il accomplit tous actes d'investigation utiles.

Article 30 : Lorsqu'une enquête n'a pas été jugée nécessaire ou lorsque l'enquête est complète, le Magistrat est cité à comparaître devant le Conseil de discipline.

Article 31 : Le Magistrat cité est tenu de comparaître en personne. Il peut se faire assister par l'un de ses pairs ou par un Avocat.

En cas de maladie ou d'empêchement reconnu, justifié, il peut se faire représenter par l'un de ses pairs ou par un Avocat.

Article 32 : Le Magistrat mis en cause, a droit à la communication de son dossier, toutes les pièces de l'enquête et du rapport établi par le rapporteur. Son Conseil a droit à la communication des mêmes documents.

Article 33 : Au jour fixé par la citation et après lecture du rapport, le Magistrat déféré est invité à fournir des explications et moyens de défense sur les faits qui lui sont reprochés.

Article 34 : Le Conseil de discipline délibère à huis clos.

Si le Magistrat, hors le cas de force majeure, ne comparaît pas, il peut être passé outre.

La décision du Conseil de discipline qui doit être motivée, n'est susceptible d'aucun recours même devant la Cour Suprême.

Article 35 : Le Ministre de la Justice, Garde des Sceaux fixe chaque année par Arrêté, la période de vacations des Cours et Tribunaux.

Article 36 : La rentrée des Cours et Tribunaux est marquée par une cérémonie solennelle dont la date et les modalités d'organisation sont fixées par Arrêté du Ministre de la Justice, Garde des Sceaux.

Elle est présidée par le Président de la République, ou en cas d'empêchement, par son représentant.

Article 37 : Des autorisations d'absence avec solde n'entrant pas en compte pour le calcul des congés annuels sont accordés dans les conditions déterminées ci-après :

1 - Dans la limite de quinze jours, par le Ministre de la Justice, Garde des Sceaux ;

2 - Dans la limite de huit jours, par les Présidents des Cours d'Appel ;
3 - Dans la limite de quatre jours, par les Présidents de Tribunaux de première Instance et les Juges de paix.

Des permissions d'absence peuvent en outre être accordées en raison d'événements sociaux ou familiaux.

Ces permissions sont d'une durée de quatre jours au plus et peuvent être renouvelées sans toutefois excéder quinze jours par an.

Toutefois, le total cumulé de ces autorisations d'absence ne peut excéder quinze jours par an.

Article 38 : La cessation définitive des fonctions, sous réserve des dispositions des articles 35 et 36, résulte de :

1 - La démission régulièrement acceptée ;
2 - L'admission à cesser ses fonctions lorsque le Magistrat n'a pas droit à pension ;
3 - La mise à la retraite ;
4 - La révocation.

Article 39 : La démission ne peut résulter que d'une demande expresse et écrite de l'intéressé, marquant sa volonté non équivoque de quitter le corps judiciaire. Elle ne vaut qu'autant qu'elle est acceptée par l'autorité de nomination et prend effet à la date fixée par cette autorité.

Article 40 : L'acceptation de la démission la rend irrévocable. Elle ne fait pas obstacle, le cas échéant, à l'exercice de l'action disciplinaire en raison de faits qui n'auraient été révélés qu'après cette acceptation.

Article 41 : Sous réserve des prorogations pouvant résulter des textes applicables à l'ensemble des agents de l'Etat, la limite d'âge est fixée à 65 ans pour les Magistrats.

Article 42 : Les Magistrats qui, après plus de vingt années consécutives d'activité, cessent leurs fonctions, peuvent être admis par Décret à l'honorariat de leurs dernières fonctions ou d'un grade immédiatement supérieur.

Les Magistrats honoraires demeurent attachés en cette qualité à la juridiction à laquelle ils appartenaient ; ils bénéficient des honneurs attachés à leur état et peuvent assister aux audiences solennelles de leur juridiction.

Ils prennent rang à la suite des Magistrats de leur grade. Ils sont tenus à la réserve qui s'impose à leur condition.

L'honorariat ne confère aucun avantage pécuniaire ou en nature.

TITRE III : CLASSIFICATION DES EMPLOIS

CHAPITRE PREMIER : POSITIONS, HIERARCHIE, NOTATION, AVANCEMENT, REMUNERATION

Article 43 : Tout Magistrat est placé dans l'une des positions suivantes :

- En activité ;
- En service détaché ;
- En disponibilité ;
- Hors cadre.

Les dispositions du Statut général de la Fonction publique concernant les positions ci-dessus énumérées s'appliquent aux Magistrats dans la mesure où elles ne sont pas contraires aux règles du présent Statut.

Article 44 : En cas de promotion de grade ou de nomination à un poste placé hors hiérarchie d'un Magistrat en position de détachement, il est mi-fin d'office à ce détachement.

Toutefois, cette règle ne peut être opposée aux Magistrats mis à la disposition d'un Département ministériel ou de tout autre organisme pour exercer des fonctions juridiques. Les services assurés en cette qualité sont considérés comme des services effectifs, accomplis dans le cadre d'origine.

Article 45 : Le nombre total des Magistrats placés en position de détachement ne peut dépasser 10% de l'effectif du corps judiciaire.

Article 46 : La hiérarchie des agents soumis au Statut général de la fonction publique s'applique aux Magistrats lorsqu'elle n'est pas contraire aux dispositions du présent Statut.

Article 47 : A l'expiration de la période de disponibilité et après avoir été, dans le cas de disponibilité d'office, reconnu apte à reprendre le service, le Magistrat est réintégré dans un emploi de son grade. S'il n'est pas reconnu apte, il est admis à cesser ses fonctions, et s'il y a lieu, à faire valoir ses droits à la retraite.

La mise en position de détachement ou de disponibilité et la réintégration consécutive sont prononcées par Décret.

Article 48 : Nul Magistrat ne peut être nommé au grade supérieur s'il n'est inscrit au tableau d'avancement.

Nul Magistrat ne peut être inscrit au Tableau d'avancement s'il n'a passé au moins deux années entières à l'échelon qui est le sien.

Article 49 : Le Tableau d'avancement est une liste de Magistrats pour lesquels un avancement sera proposé, au fur et à mesure et dans la limite des places qui se libéreront ou qui seront crées. L'inscription sur la liste est définitive, sauf radiation décidée à titre disciplinaire.

Le Tableau d'avancement est mis à jour annuellement par le Conseil Supérieur de la Magistrature et approuvé par Arrêté du Ministre de la Justice.

L'avancement d'échelon se fait par Arrêté du Ministre de la Justice.

L'avancement au grade supérieur se fait par Décret.

Article 50 : Chaque année, avant le 1er juillet, le Premier Président et le Procureur Général de chaque Cour d'Appel adressent, chacun en ce qui le concerne au Ministre de la Justice, pour chaque Magistrat de leur ressort, une feuille de notation établie après consultation des Chefs des juridictions intéressées.

Pour les Juges de paix l'avis préalable du Procureur Général est obligatoire.

La feuille de notation évalue le Magistrat sur ses connaissances juridiques et sur sa valeur professionnelle ; elle est accompagnée d'un rapport évaluant la qualité du travail accompli. Ce rapport est obligatoirement communiqué à l'intéressé, qui atteste de cette communication et peut faire connaître par écrit ses réserves.

Le rapport et les réserves éventuels du Magistrat sont joints à la feuille de notation.

Article 51 : Après avoir pris connaissance de tous les rapports et avant le 30 septembre, le Ministre de la Justice, après consultation du Directeur National des Affaires Judiciaires, propose au Conseil Supérieur de la Magistrature la liste des nouveaux Magistrats à inscrire au tableau d'avancement. A cette liste sont joints tous les rapports d'évaluation des Magistrats.

Le Conseil Supérieur de la Magistrature, au vu des rapports, peut demander au Ministre les raisons pour lesquelles tel Magistrat n'a pas été proposé à l'avancement. La réponse du Ministre est jointe au dossier de l'intéressé et, sur sa demande est communiquée à celui-ci.

Article 52 : Avant le 30 octobre le Conseil Supérieur de la Magistrature communique au Ministre de la Justice la liste des nouveaux Magistrats qu'il a inscrits au tableau d'avancement ; si la liste contient des Magistrats qui n'avaient pas été proposés à l'avancement par le Ministre, le Conseil fait tenir par écrit les raisons de son choix.

L'Arrêté du Ministre de la Justice doit intervenir dans les 30 jours de la communication de la liste établie par le Conseil Supérieur de la Magistrature. Il ne peut modifier cette liste. Elle est publiée au Journal Officiel de la République.

Article 53 : Les dispositions du présent Chapitre ne s'appliquent pas aux Magistrats placés hors hiérarchie ; ceux-ci sont nommés par Décret du Président de la République, sur proposition du Ministre de la Justice, et après avis du Conseil Supérieur de la Magistrature.

Article 54 : Les Magistrats perçoivent une rémunération mensuelle qui comprend le traitement et des accessoires.

Le traitement et les accessoires sont fixés pour chaque grade et chaque échelon, par Décret du Président de la République.

Article 55 : Les Magistrats bénéficient du régime de protection sociale, de retraite et d'allocations familiales de la fonction publique.

CHAPITRE II : PRISE DE RANG, HONNEUR, PRESEANCES, COSTUME

Article 56 : Les Magistrats appartenant au même grade prennent rang entre eux d'après l'ancienneté résultant de la date de leur Décret de nomination.

Lorsque deux ou plusieurs Magistrats sont nommés dans le même grade par le même Décret, le rang de chacun d'eux est déterminé en raison de leur âge.

Les Substituts des Procureurs Généraux prennent rang parmi les Conseillers.

Article 57 : Les corps judiciaires, et dans chaque corps, les membres qui composent celui-ci, prennent rang dans l'ordre ci-après :

COUR SUPREME :

1 - Le Premier Président de la Cour Suprême ;
2 - Le Procureur Général ;
3 - Les Présidents de Chambre et le Premier Avocat Général ;
4 - Les Conseillers et les Avocats Généraux ;
5 - Le Secrétaire Général ;
6 - Les Magistrats référendaires.

COUR D'APPEL :

1 - Le Premier Président et le Procureur Général ;
2 - Les Présidents de Chambre et les Avocats Généraux ;
3 - Les Conseillers et les Substituts Généraux ;
4 - Les Magistrats honoraires.

TRIBUNAL DE PREMIERE INSTANCE :

1 - Le Président et le Procureur de la République ;
2 - Le Vice-président ;
3 - Les Juges ;
4 - Les Magistrats honoraires.

JUSTICE DE PAIX :

1 - Les Juges ;
2 - Les Magistrats honoraires.

TRIBUNAUX DU TRAVAIL

1 - Le Président ;
2 - Le Vice-président ;
3 - Les Juges ;
4 - Les Magistrats honoraires.

Article 58 : Les honneurs civils sont reçus par les membres de l'ordre judiciaire dans les conditions fixées par les règlements relatifs aux cérémonies publiques, préséances, honneurs civils et militaires en République de Guinée.

Article 59 : Les Magistrats portent obligatoirement au cours des audiences un costume dont la nature et tous autres signes distinctifs sont, à chaque niveau de juridiction, fixés par Décret.

TITRE IV : DISPOSITIONS PARTICULIERES

Article 60 : Les Magistrats en fonction dans un emploi judiciaire sont munis d'une carte professionnelle dont le modèle et les conditions de délivrance, d'usage et de retrait sont définis par Arrêté du Ministre de la Justice, Garde des Sceaux.

Article 61 : Lorsque le nombre de Magistrats d'une juridiction est insuffisant pour assurer la bonne continuité du service de la Justice ou en cas d'indisponibilité dûment constatée d'un Magistrat d'une juridiction à juge unique, le Ministre de la Justice, Garde des Sceaux saisi par le Président ou le Procureur Général de la Cour d'appel peut par Arrêté, déléguer un Magistrat de même grade titulaire d'autres fonctions, pour une période n'excédant pas six mois.

Article 62 : Les Magistrats en fonction à l'entrée en vigueur de la présente Loi Organique sont confirmés dans leur Statut de Magistrat par Arrêté du Ministre de la Justice, Garde des Sceaux.

Article 63 : Des Décrets et Arrêtés détermineront, en tant que de besoin, les mesures nécessaires à l'application de la présente Loi.

Article 64 : La présente Loi qui abroge toutes dispositions contraires antérieures sera exécutée comme Loi Organique et publiée au Journal Officiel de la République.

Conakry, le 23 décembre 1991

LE PRESIDENT DU C.T.R.N

- GENERAL LANSANA CONTE -

DECRET D/2005/010/PRG/SGG DU 1er MARS 2005 PORTANT APPLICATION DE LA LOI ORGANIQUE SUR LE STATUT DE LA MAGISTRATURE

PRESIDENCE DE LA REPUBLIQUE

SECRETARIAT GENERAL DU GOUVERNEMENT

REPUBLIQUE DE GUINEE
Travail - Justice - Solidarité

DECRET N°D/2005/010/PRG/SGG DU 1ER MARS 2005 PORTANT APPLICATION DE LA LOI ORGANIQUE SUR LE STATUT DE LA MAGISTRATURE.

LE PRESIDENT DE LA REPUBLIQUE,

Vu La Loi Fondamentale en ses articles 801 et 81 ;

Vu La Loi Organique n° 91/011/CTRN du 23 décembre 1991 portant Statut de la Magistrature notamment en ses articles 2, 3, 4, 54, 55 et 63 ;

Vu Les Décrets n° D/2004/010/PRG/SGG du 23 février 2004, n° D/2004/017/PRG /SGG du 1er mars 2004 portant nomination des Membres du Gouvernement ;

Vu Le Décret n° D/2004/081/PRG/SGG du 09 décembre 2004, portant nomination du Premier Ministre

DECRETE

CHAPITRE I : FIXATION DE LA HIERARCHIE DU CORPS DES MAGISTRATS

Article 1er : Le corps judiciaire comprend : Les Magistrats du Siège et du Parquet des Cours et des Tribunaux, ainsi que les Magistrats du cadre de l'Administration Centrale du Ministère de la Justice.

Il est hiérarchisé en :

- Une catégorie hors classe ;

- Et deux grades, divisés chacun en deux groupes, eux-mêmes subdivisés en échelons.

Le temps normal mis à un échelon est de deux ans au maximum

Article 2 : Appartiennent à la catégorie hors classe :

- Le Premier Président de la Cour Suprême :
- Le Procureur Général près la Cour Suprême ;
- Les Présidents de Chambre de la Cour Suprême et le Premier Avocat Général près la Cour Suprême ;
- Les Conseillers de la Cour Suprême et les Avocats Généraux près la Cour Suprême ;
- Les Premiers Présidents de Cours d'Appel ;
- Les Procureurs Généraux près les Cours d'Appel ;
- Le Secrétaire Général du Ministère de la Justice ;
- Le Chef de Cabinet du Ministère de la Justice ;
- L'Inspecteur Général des Services Judiciaires ;
- Les Conseillers du Ministre de la Justice ;
- Les Directeurs Nationaux.

Les actuels titulaires des postes, s'ils n'appartiennent pas à la catégorie hors classe, sont promus, à titre exceptionnel Magistrat hors classe.

Article 3 : Les Magistrats du premier grade sont appelés à exercer les fonctions classées dans les groupes suivants :

Premier Groupe :

- Présidents de Chambre des Cours d'Appel ;
- Avocats Généraux près la Cour d'Appel ;
- Inspecteurs des Services Judiciaires ;
- Secrétaire Général de la Cour Suprême ;
- Magistrats référendaires de la Cour Suprême.

Deuxième Groupe :

- Chefs de Division des Services Nationaux ;
- Conseillers de la Cour d'Appel ;
- Substituts Généraux près la Cour d'Appel ;
- Présidents des Tribunaux de première Instance ;
- Procureurs de la République près les Tribunaux de première Instance.

Article 4 : Les Magistrats du second grade sont appelés à exercer les fonctions classées dans les groupes suivants :

Premier Groupe :

- Vice-présidents des Tribunaux de première Instance ;
- Présidents de Section du Tribunal de première Instance ;
- Président du Tribunal du Travail ;
- Substituts du Procureur près le Tribunal de première Instance ;
- Juges du Tribunal de première Instance ;
- Juges d'instruction du Tribunal de première Instance ;
- Juges de paix ;
- Présidents des Tribunaux pour Enfants.

Deuxième Groupe

- Juges des Justices de paix ;
- Juges d'Instruction d'une Justice de paix ;
- Juges des Enfants ;
- Auditeurs de Justice.

Article 5 : Les nominations à un autre emploi d'un même groupe ou à un emploi du groupe le plus élevé du même grade sont faites au choix. Elles interviennent au fur et à mesure des vacances, sur proposition du Ministre de la Justice, Gardes des Sceaux, conformément aux dispositions de la Loi.

Article 6 : L'accès aux divers emplois de chaque grade est soumis aux conditions d'ancienneté suivantes :

a) - Pour un emploi du 2è groupe du 2è grade, deux ans d'auditorat sanctionné par un brevet ;

b) - Pour un emploi du 1er groupe du 2è grade, quatre ans d'ancienneté dans un emploi du 2è groupe de ce grade ;

c) - Pour un emploi du 2è groupe du 1er grade, cinq ans d'ancienneté au moins dans le 1er groupe du 2è grade ;

d) - Pour un emploi du 1er groupe du 1er grade, dix ans d'ancienneté au moins dans le 2è groupe du 1er grade ;

e) - Pour intégrer la catégorie hors classe, dix ans d'ancienneté au moins dans le 1er groupe du 1er grade.

Le temps passé en disponibilité n'est pas pris en considération pour le calcul de l'ancienneté.

Article 7 : Aucune condition d'ancienneté n'est exigée pour nommer un Magistrat à un autre emploi du groupe auquel il appartient.

Article 8 : L'avancement des Magistrats au premier grade est fait au choix.

Article 9 : Le Magistrat doit, pour accéder au grade supérieur, être inscrit au Tableau d'avancement.

Article 10 : Le Premier Président et le Procureur Général de chaque Cour d'Appel adressent au Ministre de la Justice, Garde des Sceaux, les feuilles de notation prévues à l'article 50 de la Loi Organique L/91/011/CTRN du 23 décembre 1991, comportant des évaluations en vue de l'avancement.

Article 11 : Les listes de propositions arrêtées par le Ministre de la Justice, Garde des Sceaux, conformément à l'article 51 de la Loi Organique L/91/011/CTRN du 23 décembre 1991, sont portées à la connaissance des Magistrats conformément à l'article 50 de ladite Loi.

Article 12 : Les Magistrats non proposés peuvent adresser au Ministre de la Justice, Vice-président du Conseil Supérieur de la Magistrature, jusqu'au 1er septembre, date limite, une requête en vue de leur inscription au Tableau.

Article 13 : Les Magistrats qui renoncent par deux fois à l'avancement pour des raisons personnelles qu'ils font connaître sont, après le deuxième renoncement, rayés du Tableau d'avancement par Arrêté ministériel.

Leur promotion au grade supérieur ne pourra avoir lieu que s'ils bénéficient d'une inscription nouvelle sur l'un des Tableaux dressés au cours des années suivantes.

Article 14 : Le Premier Président est remplacé de plein droit en cas d'empêchement par le Président de Chambre le plus ancien suivant l'ordre de nomination dans la fonction, ou par le plus ancien des Conseillers.

Le Président de Chambre est remplacé par le Conseiller le plus ancien suivant l'ordre de nomination.

Le Président du Tribunal est remplacé par le Président de Chambre ou le Président de Section le plus ancien, ou, à défaut, par le Juge le plus ancien suivant l'ordre de nomination.

Article 15: Le Procureur Général est remplacé de plein droit par l'Avocat Général le plus ancien.

Le Procureur de la République est suppléé de plein droit par le Substitut le plus ancien de son Parquet.

Article 16 : Les suppléances prévues aux articles 15 et 16 ci-dessus sont constatées par Arrêté du Ministre de la Justice, Garde des Sceaux.

CHAPITRE II : CLASSIFICATION DES MAGISTRATS

Article 17 : La classification des Magistrats est établie ainsi qu'il suit :

1 - Magistrats hors classe

2 - Magistrat du Premier Grade

Premier Groupe

5è échelon
4è échelon
3è échelon
2è échelon
1er échelon

Deuxième Groupe

5è échelon
4è échelon
3è échelon
2è échelon
1er échelon

3 - Magistrats du Deuxième Grade

Premier Groupe

5è échelon
4è échelon
3è échelon
2è échelon
1er échelon

Deuxième Groupe

4è échelon
3è échelon
2è échelon
1er échelon

Article 18 : L'échelonnement indiciaire des Magistrats et celui des Auditeurs de Justice, ainsi que le coefficient pour l'application dudit échelonnement, sont fixés par Arrêté conjoint du Ministre de la Justice, du Ministre de l'Economie et des Finances et du Ministre de l'Emploi et de la Fonction publique.

Article 19 : Il est alloué aux Magistrats de l'ordre judiciaire ainsi qu'au personnel Magistrat de l'Administration Centrale du Ministère de la Justice des indemnités de fonction, de logement et de transport comportant des taux différenciés destinés à rémunérer les sujétions de toute nature.

Article 20 : Le taux de ces indemnités est fixé pour chaque groupe de Magistrats, conformément à la classification établie à l'article 17, par Arrêté conjoint des Ministres de la Justice, Garde des Sceaux et de l'Economie et des Finances.

Article 21 : Les Magistrats logés dans les bâtiments de fonction sont exclus du bénéfice de l'indemnité de logement.

Article 22 : Sont exclus du bénéfice de l'indemnité de transport les Magistrats disposant de véhicules de fonction.

Article 23 : Le Ministre de la Justice, Garde des Sceaux, le Ministre de l'Economie et des Finances et le Ministre de l'Emploi et de la Fonction Publique sont chargés, chacun en ce qui le concerne, de l'application du présent Décret.

Conakry, le 1er mars 2005

- GENERAL LANSANA CONTE -

LOI ORGANIQUE N° 91/10/CTRN DU 23 DECEMBRE 1991 PORTANT CREATION DU CONSEIL SUPERIEUR DE LA MAGISTRATURE

LOI ORGANIQUE N° 91/10/CTRN DU 23 DECEMBRE 1991 PORTANT CREATION DU CONSEIL SUPERIEUR DE LA MAGISTRATURE

Vu la Loi Fondamentale notamment en ses articles 93 et 94 ;

Le Conseil Transitoire de Redressement National, après avoir délibéré, a adopté ;

Le Président de la République promulgue la Loi dont la teneur suit :

CHAPITRE 1 : COMPOSITION

Article 1er : Le Conseil Supérieur de la Magistrature comprend neuf membres dont quatre de droit nommés dans les conditions définies à l'article 4.

Article 2 : Le Conseil Supérieur de la Magistrature est présidé par le Président de la République. Le Ministre de la Justice, Garde des Sceaux en est le Vice-président.

Article 3 : Sont également membres de droit du Conseil Supérieur de la Magistrature :

- Le Premier Président de la Cour Suprême ;

- Le plus ancien des Premiers Présidents des Cours d'Appel.

Article 4 : Les cinq autres membres du Conseil Supérieur de la Magistrature sont nommés par Décret pour quatre ans ainsi qu'il suit :

- Deux Présidents de Chambre ou Conseillers à la Cour Suprême ;
- Un Magistrat du Siège de la Cour d'Appel ;
- Un Juge de paix ;

Tous désignés sur proposition du Bureau de la Cour Suprême.

Article 5 : Les membres de droit sont désignés eu égard au poste qu'ils occupent ; leur qualité fixe la durée de leur mandat et ils sont remplacés de plein droit dès la nomination de leurs successeurs.

Article 6 : Aucun membre ne peut, pendant la durée de ses fonctions au Conseil Supérieur, exercer ni mandat parlementaire, ni professions d'avocat ou d'officier public ou ministériel.

Article 7 : Lorsqu'une vacance se produit avant la date normale d'expiration de mandats, il est procédé dans un délai de trois mois et suivant les modalités prévues à l'article 4, à la désignation d'un nouveau membre. Le membre ainsi désigné achève le mandat de son prédécesseur.

Le mandat des membres sortants n'est renouvelable qu'une fois.

Article 8 : Il est pourvu au remplacement des membres nommés du Conseil Supérieur quinze jours avant l'expiration de leurs mandats.

Article 9 : Si un membre du Conseil Supérieur de la Magistrature démissionne par lettre adressée au Président de la République, la nomination du remplaçant intervient au plus tard dans les trois mois de la démission. Celle-ci prend effet à partir de la nomination du remplaçant.

Article 10 : Le Président de la République décide de la mise en position de détachement des Magistrats membres du Conseil Supérieur qui, en raison de l'exercice de leur mandat, ne pourraient continuer à exercer leurs fonctions.

Article 11 : Les fonctions de membre du Conseil Supérieur de la Magistrature sont gratuites. Leur exercice n'ouvre droit qu'à des remboursements de frais.

Toutefois, le Magistrat mis en position de détachement comme il est dit à l'article 10 conservera son traitement et les indemnités qui y sont rattachées.

Article 12 : Les membres du Conseil Supérieur ainsi que les personnes qui, à un titre quelconque, assistent aux délibérations sont tenus au secret professionnel.

Article 13 : Les modalités de fonctionnement du Conseil Supérieur ainsi que l'organisation de son Secrétariat sont fixées par Décret.

Article 14 : Les crédits nécessaires au fonctionnement du Conseil Supérieur sont inscrits au Budget du Ministère de la Justice.

CHAPITRE II : ATTRIBUTIONS ET PROCEDURE

Article 15 : Le Conseil Supérieur de la Magistrature conformément aux dispositions des articles 81 et 82 de la Loi Fondamentale émet sont avis en matière de nomination ou d'avancement des Magistrats.

Il exerce le pouvoir disciplinaire.

Le Conseil Supérieur de la Magistrature peut également être, consulté, pour avis, par le Président de la République sur toutes questions concernant l'indépendance de la Magistrature et l'exercice du droit de grâce.

Article 16 : Le Conseil Supérieur de la Magistrature se réunit sur convocation de son Président ou le cas échéant, du Ministre de la Justice, Garde des Sceaux, Vice-président du Conseil.

SECTION I : DES NOMINATIONS DES MAGISTRATS DU SIEGE

Article 17 : Pour les nominations des Magistrats du Siège, l'avis du Conseil Supérieur est donné, sur les propositions du Ministre de la Justice, Garde des Sceaux, et après un rapport fait par un membre du Conseil.

Article 18 : Lorsqu'il statue sur la nomination des Magistrats, le Conseil Supérieur est présidé par le Président de la République ou, en cas d'empêchement par le Ministre de la Justice, Garde des Sceaux.

Pour délibérer valablement, il doit comprendre, outre son Président ou à défaut, son Vice-président, au moins cinq de ses membres.

Les propositions et avis du Conseil Supérieur sont formulés à la majorité des voix. En cas de partage des voix, celle du Président est prépondérante.

SECTION 2 : DU CONSEIL SUPERIEUR DE LA MAGISTRATURE STATUANT EN MATIERE DISCIPLINAIRE

Article 19 : Le Conseil Supérieur de la Magistrature est le Conseil de discipline des Magistrats du Siège.

Article 20 : Lorsqu'il siège comme Conseil de discipline, le Conseil Supérieur est présidé par le Premier Président de la Cour Suprême.

Il statue hors la présence du Président de la République et du Ministre de la Justice, Garde des Sceaux.

Pour délibérer valablement ce cas, le Conseil de discipline doit comprendre, outre son Président, au moins quatre de ses membres.

Les sanctions sont adoptées à la majorité.

Article 21 : Le Ministre de la Justice, Garde des Sceaux dénonce au Conseil Supérieur de la Magistrature les faits motivant la poursuite disciplinaire.

Le Ministre de la Justice, Garde de Sceaux, après avis du Conseil Supérieur, peut interdire au Magistrat incriminé l'exercice de ses fonctions jusqu'à décision définitive. Cette décision ne comporte pas privation du droit au traitement. Elle ne peut être rendue publique.

Article 22 : Le Premier Président de la Cour Suprême, en sa qualité de Président du Conseil de discipline, désigne un Rapporteur parmi les membres du Conseil.

Article 23 : Au cours de l'enquête, le Rapporteur entend ou fait entendre l'intéressé par un Magistrat ayant au moins son rang et s'il y a lieu, le plaignant et les témoins.

Il accomplit tous actes d'investigations utiles.

Article 24 : Lorsqu'une enquête n'a pas été jugée nécessaire ou lorsque l'enquête est complète, le Magistrat est cité à comparaître devant le Conseil de discipline.

Article 25 : Le Magistrat cité est tenu de comparaître en personne. Il peut se faire assister par l'un de ses pairs ou un Avocat.

En cas de maladie ou d'empêchement reconnu justifié, il peut se faire représenter par l'un de ses pairs ou par un Avocat.

Article 26 : Le Magistrat mis en cause a droit à la communication de son dossier, de toutes les pièces de l'enquête et du rapport établi par le Rapporteur. Son Conseil a droit à la communication des mêmes documents.

Article 27 : Au jour fixé pour la citation et après lecture du rapport, le Magistrat déféré est invité à fournir ses explications et moyens de défense sur les faits qui lui sont reprochés.

Article 28 : Le Conseil de discipline délibère à huis clos.

Si le Magistrat, hors le cas de force majeure, ne comparaît pas, il peut être passé outre.

La décision du Conseil de discipline qui doit être motivée, n'est susceptible d'aucune opposition, ni d'aucun recours, même devant la Cour Suprême.

SECTION 3 : L'EXERCICE DU DROIT DE GRACE

Article 29 : Le Président de la République exerce le droit de grâce.

Il décide s'il y a lieu de consulter, pour avis, le Conseil Supérieur de la Magistrature.

Article 30 : Les recours en grâce sont instruits par le Ministre de la Justice, Garde des Sceaux, le cas échéant, après examen préalable par le Ministre intéressé.

Article 31 : Le Conseil Supérieur de la Magistrature émet son avis sur proposition du Ministre de la Justice, Garde des Sceaux et après un rapport fait par un membre du Conseil désigné par le Président de la République.

Article 32 : Le Décret de grâce est signé par le Président de la République.

Article 33 : La présente Loi Organique sera publiée au Journal Officiel de la République de Guinée et exécutée comme Loi de l'Etat.

Conakry, le 23 décembre 1991

- **GENERAL LANSANA CONTE** -

DECRET D/2005/009/PRG/SGG DU 1er MARS 2005 PORTANT APPLICATION DE LA LOI ORGANIQUE N° 91/010/CTRN DU 23 DECEMBRE 1991 SUR LE CONSEIL SUPERIEUR DE LA MAGISTRATURE

PRESIDENCE DE LA REPUBLIQUE	**REPUBLIQUE DE GUINEE**
----------	Travail - Justice - Solidarité
SECRETARIAT GENERAL DU GOUVERNEMENT	

DECRET D/2005/009/ PRG/SGG PORTANT APPLICATION DE LA LOI ORGANIQUE N° 91/010/CTRN DU 23 DECEMBRE 1991 SUR LE CONSEIL SUPERIEUR DE LA MAGISTRATURE

LE PRESIDENT DE LA REPUBLIQUE

Vu La Loi Fondamentale ;

Vu La Loi Organique n° 91/010/CTRN du 23 décembre 1991 portant création du Conseil Supérieur de la Magistrature ;

Vu La Loi L/02/028/AN du 31 décembre 2001 portant Principes Fondamentaux de Création, d'Organisation et de Contrôle des Structures des Services Publics ;

Vu Les Décrets n° D/2004/010/PRG/SGG du 23 février 2004, n° D/2004/ 017/PRG/SGG du 1er mars 2004 portant nomination des Membres du Gouvernement ;

Vu Le Décret n° D/2004/081/PRG/SGG du 9 décembre 2004, portant nomination du Premier Ministre ;

DECRETE

SECTION I : DES MEMBRES DU CONSEIL

Article 1er : Le Conseil Supérieur de la Magistrature comprend neuf Membres, dont quatre de droit et cinq nommés conformément aux dispositions des articles 1er et suivants de la Loi Organique n° 91/010 du 23 décembre 1991 portant création du Conseil Supérieur de la Magistrature.

Les Membres de droit sont :

- Le Président de la République, Président ;
- Le Ministre de la Justice, Garde des Sceaux, Vice Président ;
- Le Premier Président de la Cour Suprême ;
- Le plus ancien des Premiers Présidents de Cours d'Appel.

Les cinq autres Membres sont :

- Deux Présidents de Chambre ou Conseillers à la Cour Suprême ;
- Un Magistrat du Siège de la Cour d'Appel ;
- Un Magistrat du Siège d'un Tribunal de première Instance ;
- Un Juge de paix.

Article 2 : Le mandat des Membres nommés par Décret, sur proposition du Bureau de la Cour Suprême, commence à courir dès la signature du Décret de nomination.

Il prend fin à l'expiration de quatre ans, à compter de la date de nomination.

Le mandat des Membres sortant n'est renouvelable qu'une fois.

Le renouvellement des Membres nommés intervient quinze jours avant le terme de leur mandat, conformément aux dispositions de l'article 8 de la Loi Organique ci-dessus référencée.

Les Membres de droit étant désignés eu égard aux fonctions qu'ils occupent, leur qualité fixe la durée de leur mandat ; la perte de cette qualité entraîne la cessation du mandat ; ils sont remplacés de plein droit dès la nomination de leur successeur.

Article 3 : Si les Membres du Conseil Supérieur de la Magistrature constatent, après délibération, qu'un Conseiller a cessé de remplir ses fonctions pour toute autre cause qu'une absence de caractère temporaire, le Président du Conseil, saisi de la délibération et de la requête du Conseil, peut déclarer la vacance du siège du Conseiller défaillant.

En cas de décès ou de démission d'un Membre, constaté par délibération du Conseil, le Président, saisi, déclare le poste dudit Membre vacant.

La vacance est fixée à la date du décès ou à celle à laquelle la notification de la démission a été reçue au Secrétariat Administratif.

Article 4 : Lorsqu'une vacance se produit avant la date normale d'expiration du mandat, il est procédé, dans un délai de trois mois, et suivant les modalités prévues à l'article 4 de la Loi Organique n° 91/010/CTRN du 23 décembre 1991, à la désignation d'un nouveau Membre. Le Membre ainsi désigné achève le mandat de son prédécesseur, conformément aux dispositions de l'article 7, alinéa 1er de la Loi Organique n° 91/010/CTRN du 23 décembre 1991.

Article 5 : Les Membres du Conseil Supérieur de la Magistrature perçoivent, s'il y a lieu, le remboursement de leurs frais.

Article 6 : Les Membres du Conseil sont tenus au secret des délibérations.

Toutefois, les décisions du Conseil, autres que les avis, peuvent être publiées par affichage ou par tout autre moyen, sauf délibération contraire du Conseil.

SECTION II : DES SESSIONS DU CONSEIL

Article 7 : Le Conseil Supérieur de la Magistrature se réunit à la Présidence de la République ou en tout autre lieu décidé par son Président, sur convocation de celui-ci ou, le cas échéant, du Vice-Président.

Article 8 : L'ordre du jour des sessions est arrêté par le Président de la République, sur proposition du Ministre de la Justice, Garde des Sceaux.

Une copie de l'ordre du jour est annexée à la convocation des Membres du Conseil Supérieur.

L'avis de convocation, signé du Président, est notifié par le Secrétaire Administratif aux Membres du Conseil, cinq jours avant la date fixée.

En cas d'urgence, ce délai peut être réduit à quarante-huit heures.

Article 9 : Toutes les sessions du Conseil ont lieu à huis clos. Elles font l'objet d'un procès-verbal établi par le Secrétaire Administratif du Conseil.

Le Procès-verbal est signé par le Président et le Secrétaire Administratif.

Article 10 : Le Conseil ne peut valablement délibérer que si le quorum est atteint conformément aux dispositions des articles 18 alinéa 2 ou 20 alinéa 3 de la Loi Organique n° 91/010/CTRN du 23 décembre 1991.

SECTION III : DES AVIS DU CONSEIL SUPERIEUR DE LA MAGISTRATURE EN MATIERE DE NOMINATION ET D'AVANCEMENT DES MAGISTRATS DU SIEGE

Article 11 : Lorsqu'une nomination à un poste de Magistrat du Siège à la Cour Suprême ou de Premier Président de Cour d'Appel est inscrite à l'ordre du jour d'une session, le Ministre de la Justice, Garde des Sceaux fait parvenir au Conseil la liste des Magistrats susceptibles d'être nommés à ces postes, accompagnée de leurs dossiers individuels.

Article 12 : En ce qui concerne les nominations des Magistrats du Siège autres que ceux désignés à l'article précédent, le Ministre de la Justice, Garde des Sceaux adresse au Conseil ses propositions, accompagnées des dossiers individuels des Magistrats concernés.

Article 13 : Le Conseil Supérieur de la Magistrature désigne en son sein un Rapporteur en vue de préparer son avis sur chacun des cas spécifiés aux articles 11 et 12 ci-dessus.

Sur la proposition du Rapporteur, le Conseil peut demander au Ministre de la Justice, Garde des Sceaux toutes précisions utiles.

Article 14 : Le Tableau d'avancement, tel qu'il est prévu aux articles 49, 50, 51 et 52 de la Loi Organique portant Statut de la Magistrature, est communiqué au Conseil pour avis.

Article 15 : Les propositions du Ministre de la Justice, Garde des Sceaux, relatives à l'attribution de distinctions honorifiques à des Magistrats du Siège sont adressées au Conseil.

Les dossiers des Magistrats concernés sont joints aux dites propositions

SECTION IV : LE CONSEIL SUPERIEUR DE LA MAGISTRATURE STATUANT EN MATIERE DE DISCIPLINE DES MAGISTRATS DU SIEGE.

Article 16 : Lorsqu'il statue comme Conseil de Discipline, le Conseil Supérieur de la Magistrature siège à la Cour Suprême.

Article 17 : Lorsqu'il dénonce au Conseil des faits motivant une poursuite disciplinaire, le Ministre de la Justice, Garde des Sceaux fait parvenir au Premier Président de la Cour Suprême, Président du Conseil de Discipline, le dossier personnel du Magistrat mis en cause, ainsi que tous les documents afférents à la poursuite, après instruction par la Direction Nationale des Affaires Judiciaires.

Article 18 : Le Magistrat cité et son Conseil peuvent prendre connaissance, à la Cour Suprême, des pièces dont la communication est prévue par l'article 26 de la Loi Organique portant création du Conseil Supérieur de la Magistrature.

Le Conseil peut être soit un Magistrat, soit un Avocat.

Le Magistrat cité est tenu de comparaître en personne et de se défendre conformément aux dispositions des articles 25, 26, 27 et 28 de la Loi Organique ci-dessus référencée.

Si le Magistrat cité, hors le cas de force majeure, ne comparaît pas, le Conseil peut passer outre.

Article 19 : Le Premier Président de la Cour Suprême arrête l'ordre du jour des séances du Conseil de Discipline et en communique le texte au Président de la République et au Ministre de la Justice, Garde des Sceaux.

Le texte de l'ordre du jour est annexé à la convocation adressée aux Membres du Conseil par le Premier Président de la Cour Suprême.

Article 20 : Lorsque la poursuite concerne un Membre du Conseil, celui-ci ne peut ni participer, ni assister à la délibération du Conseil de Discipline.

Article 21 : La sanction disciplinaire adoptée par le Conseil est notifiée au Président de la République et au Ministre de la Justice, Garde des Sceaux.

Elle est inscrite au dossier personnel de l'intéressé.

Article 22 : En dehors de toute action disciplinaire, les Premiers Présidents de Cour d'Appel et les Présidents de Tribunaux peuvent infliger des avertissements aux Magistrats de leur ressort, à charge d'en informer le Premier Président de la Cour Suprême et le Ministre de la Justice.

Ces avertissements sont mentionnés au dossier des Magistrats concernés.

SECTION V : LE CONSEIL SUPERIEUR DE LA MAGISTRATURE, ORGANE CONSULTATIF EN MATIERE D'INDEPENDANCE DE LA MAGISTRATURE.

Article 23 : Le Président de la République est garant de l'indépendance de la Magistrature.

Il est assisté dans cette mission par le Conseil Supérieur de la Magistrature, chargé d'étudier et d'émettre son avis sur toutes questions relatives à l'exercice et à l'indépendance de la Magistrature.

Article 24 : Le Conseil Supérieur de la Magistrature peut charger un ou plusieurs de ses Membres de missions d'information auprès de la Cour Suprême, des Cours d'Appel, des Tribunaux et du Centre de Formation Judiciaire.

Ces missions visent non seulement à évaluer les performances, mais aussi à détecter les insuffisances liées à la formation et à la moralité des Magistrats, et corrélativement, les causes et de dysfonctionnement du service public de la Justice.

Les rapports de missions ainsi établis sont transmis au Président et au Vice-président du Conseil Supérieur de la Magistrature, pour appréciation.

SECTION VI : LE CONSEIL SUPERIEUR DE LA MAGISTRATURE, ORGANE CONSULTATIF EN MATIERE D'EXERCICE DU DROIT DE GRACE

Article 25 : Le Président de la République exerce le droit de grâce. Il décide, s'il y a lieu, de consulter, pour avis, le Conseil Supérieur de la Magistrature.

Les dossiers individuels afférents à des recours en grâce concernant l'exécution de la peine capitale, sont, après instruction, adressés au Conseil, par le Ministre de la Justice, Garde des Sceaux.

Article 26 : Le Président ou le Vice-président du Conseil peut inviter le Directeur National des Affaires Judiciaires du Ministère de la Justice à assister aux délibérations du Conseil.

SECTION VII : DU SECRETARIAT ADMINISTRATIF

Article 27 : Le Conseil Supérieur de la Magistrature désigne en son sein un Secrétaire Administratif, qui est ensuite nommé par Arrêté du Ministre de la Justice, Garde des Sceaux.

Le Secrétaire Administratif assure la bonne tenue et la conservation des procès-verbaux de réunion et de tous autres documents et actes émanant du Conseil, ainsi que de ceux qui lui sont adressés.

Article 28 : Les crédits nécessaires au fonctionnement du Conseil Supérieur de la Magistrature sont inscrits au Budget du Ministère de la Justice, conformément à l'article 14 de la Loi Organique portant création du Conseil Supérieur de la Magistrature.

Article 29 : Le Secrétaire Administratif du Conseil Supérieur de la Magistrature fait connaître par écrit aux Membres du Conseil la date des sessions.

Cette notification est envoyée cinq jours au moins avant le jour de la session.

En cas d'urgence, ce délai peut être réduit à quarante-huit heures.

Article 30 : Le procès-verbal de chaque séance est arrêté par le Président et contresigné par le Secrétaire Administratif qui est chargé de le conserver.

SECTION VIII : DES POUVOIRS DU PRESIDENT

Article 31 : Le Président du Conseil Supérieur de la Magistrature prononce l'ouverture et la clôture de chaque séance du Conseil ; il dirige les débats, assure l'application du présent Décret, donne la parole, met les questions aux voix et proclame les décisions ; il assure le maintien de l'ordre au cours des séances.

Le Président peut, au cours de la discussion d'un point de l'ordre du jour, proposer au Conseil de limiter le temps de parole de chaque intervenant.

Il a aussi le pouvoir de proposer l'ajournement ou la clôture du débat, ainsi que la levée ou la suspension d'une séance.

Les débats portent uniquement sur la question dont est saisi le Conseil, et le Président peut rappeler à l'ordre un membre dont les remarques n'ont pas trait au sujet en discussion.

Le Président peut inviter à assister aux travaux du Conseil les personnes dont la présence lui paraît nécessaire.

Celles-ci sont tenues au secret des délibérations.

SECTION IX : DU VOTE

Article 32 : Chaque membre du Conseil Supérieur de la Magistrature dispose d'une voix.

Article 33 : Le Conseil, statuant en matière de nomination et d'avancement de Magistrats, ne peut valablement délibérer que si au moins six de ses membres, dont le Président ou le Vice-président, sont présents.

Statuant en matière disciplinaire, la validité du vote requiert la présence d'au moins cinq membres dont celle du Président du Conseil de Discipline.

Les propositions et avis d'une part, les sanctions d'autre part, sont pris à la majorité des membres présents.

Toutefois, le Conseil s'efforcera de travailler sur la base du principe du consensus.

Les votes ont lieu à bulletin secret, sauf décision contraire du Président du Conseil.

Article 34 : En cas de partage égal des voix lors d'un vote, celle du Président est prépondérante, conformément aux dispositions de l'alinéa 2 de l'article 18 de la Loi Organique portant création du Conseil Supérieur de la Magistrature.

Article 35 : Le présent Décret qui prend effet pour compter de sa date de signature, sera enregistré et publié au Journal Officiel de la République.

Conakry, le 1er mars 2005

- **GENERAL LANSANA CONTE** -

DECRET D/2005/012/PRG/SGG DU 1er MARS 2005 PORTANT CREATION ET FONCTIONNEMENT DE LA COMMISSION D'AVANCEMENT ET DE DISCIPLINE DES MAGISTRATS DU PARQUET ET DES MAGISTRATS DE L'ADMINISTRATION CENTRALE DU MINISTERE DE LA JUSTICE

REPUBLIQUE DE GUINEE

Travail - Justice - Solidarité

PRESIDENCE DE LA REPUBLIQUE

SECRETARIAT GENERAL
DU GOUVERNEMENT

DECRET D/2005/012/PRG/SGG DU 1er MARS 2005 PORTANT CREATION ET FONCTIONNEMENT DE LA COMMISSION D'AVANCEMENT ET DE DISCIPLINE DES MAGISTRATS DU PARQUET ET DES MAGISTRATS DE L'ADMINISTRATION CENTRALE DU MINISTERE DE LA JUSTICE

LE PRESIDENT DE LA REPUBLIQUE

Vu La Loi Fondamentale ;

Vu La Loi Organique n° 91/010/CTRN du 23 décembre 1991 portant Création du Conseil Supérieur de la Magistrature ;

Vu La Loi Organique n° 91/011/CTRN du 23 décembre 1991 portant Statut de la Magistrature notamment en son article 25 ;

Vu Les Décrets n° D/2004/010/PRG/SGG du 23 février 2004 et n° D/2004/017/ PRG/SGG du 1er mars 2004 portant nomination des Membres du Gouvernement ;

Vu Le Décret n° D/2004/019/PRG/SGG du 08 mars 2004 portant nomination du Premier Ministre ;

DECRETE

Article 1er : Il est créé une Commission d'Avancement et de Discipline des Magistrats du Parquet et de l'Administration Centrale du Ministère de la Justice.

Article 2 : La Commission d'Avancement et de Discipline est composée des Magistrats ci-après :

- Le Procureur Général près la Cour Suprême, Président ;
- Le Premier Avocat Général près la Cour Suprême ;
- L'Inspecteur Général des Services Judiciaires ;
- Un Procureur Général près la Cour d'Appel ;
- Un Avocat Général près la Cour d'Appel ;
- Deux Procureurs de la République dont l'un est Rapporteur ;
- Un Directeur National de l'Administration Centrale du Ministère de la Justice ;
- Un Juge de paix.

SECTION I : AVANCEMENT

Article 3 : Nul Magistrat ne peut être nommé au grade supérieur s'il n'est inscrit au Tableau d'avancement

Nul Magistrat ne peut être inscrit au Tableau d'avancement s'il n'a passé au moins deux années entières à l'échelon qui est le sien.

L'avancement d'échelon se fait par Arrêté du Ministre de la Justice, Garde des Sceaux

L'avancement au grade supérieur se fait par Décret du Président de la République.

Article 4 : Chaque année, avant le 1er juillet, les Procureurs Généraux près les Cours d'Appel adressent au Ministre de la Justice, Garde des Sceaux, et pour chaque Magistrat du Parquet de leurs ressorts respectifs, une feuille de notation établie après consultation des Chefs de Parquets intéressés.

Pour les Juges de paix, l'avis du Procureur de la République dont ils relèvent est obligatoire.

La feuille de notation évalue le Magistrat sur ses connaissances juridiques et sa valeur professionnelle. Elle est accompagnée d'un rapport indiquant la qualité du travail accompli. Copie de ce rapport est communiqué à l'intéressé, qui peut y faire des réserves par écrit.

Les Procureurs Généraux sont notés directement par le Ministre de la Justice, Garde des Sceaux.

Article 5 : Pour les Magistrats de l'Administration Centrale du Ministère de la Justice, le Secrétaire Général du Département procède à cette notation sur avis des Chefs des Services centraux dont ils relèvent.

Les dispositions de l'alinéa 3 de l'article 4 ci-dessus leur sont également applicables.

Les Chefs des Services centraux sont évalués directement par le Ministre de la Justice, Garde des Sceaux.

Article 6 : Les documents décrits à l'article 5 ci-dessus, adressés au Ministre de la Justice, Garde des Sceaux, sont communiqués directement à la Commission d'Avancement et de Discipline qui, après examen, propose la liste des Magistrats qui méritent d'être inscrits au Tableau d'avancement.

Le Tableau d'avancement est définitivement approuvé par Arrêté du Ministre de la Justice, Garde des Sceaux.

Article 7 : Lorsque le membre de la Commission d'Avancement et de Discipline est concerné par une proposition d'avancement, il ne participe pas à l'examen et à la délibération sur son propre cas.

SECTION II : DISCIPLINE

Article 8 : Le Ministre de la Justice, Garde des Sceaux exerce le pouvoir disciplinaire à l'égard des Magistrats du Parquet et des Magistrats de l'Administration Centrale du Ministère de la Justice.

Article 9 : La faute disciplinaire s'apprécie, pour un Magistrat du Parquet ou un Magistrat de l'Administration Centrale du Ministère de la Justice, compte tenu des obligations qui découlent de sa subordination hiérarchique.

Article 10 : En dehors de toute action disciplinaire, l'Inspecteur Général des Services Judiciaires, les Directeurs Nationaux de l'Administration Centrale du Ministère de la Justice et les Procureurs Généraux ont le pouvoir de donner un avertissement aux Magistrats placés sous leur autorité.

Cet avertissement peut être attaqué devant la Commission d'Avancement et de Discipline.

L'avertissement est effacé automatiquement du dossier au bout de deux ans si aucun nouvel avertissement ou aucune sanction disciplinaire n'est intervenu pendant cette période.

Article 11 : Aucune sanction disciplinaire contre un Magistrat du Parquet ou un Magistrat de l'Administration Centrale du Ministère de la Justice ne peut être prononcée sans l'avis de la Commission d'Avancement et de Discipline placée sous l'autorité du Ministre de la Justice, Garde des Sceaux.

Article 12 : Les sanctions disciplinaires applicables aux Magistrats du Parquet et de l'Administration centrale du Ministère de la Justice sont les suivantes :

1 - La réprimande avec inscription au dossier ;
2 - Le déplacement d'office ;
3 - La radiation du Tableau d'avancement ;
4 - Le retrait de certaines fonctions ;
5 - L'abaissement d'échelon ;
6 - La rétrogradation ;
7 - La mise à la retraite d'office ou l'admission à cesser ses fonctions lorsque le Magistrat n'a pas droit à une pension de retraite ;
8 - La révocation, avec ou sans suspension des droits à pension.

Article 13 : La Commission d'Avancement et de Discipline est saisie par le Ministre de la Justice de faits motivant une poursuite disciplinaire.

Le Ministre de la Justice transmet à la Commission le dossier personnel du Magistrat mis en cause et toutes les pièces fondant cette poursuite.

Si ces faits motivent également une poursuite judiciaire, il y joint les pièces afférentes à cette poursuite.

Article 14 : La Commission d'Avancement et de Discipline siège au Parquet Général de la Cour Suprême.

Article 15 : L'ordre du jour des séances est arrêté par le Procureur Général près la Cour Suprême et communiqué au Président de la République et au Ministre de la Justice, Garde des Sceaux.

Le texte de l'ordre du jour est annexé à la convocation adressée aux membres de la Commission.

Les membres de la Commission sont convoqués cinq jours avant la date fixée pour la séance.

Ce délai peut être réduit à quarante-huit heures en cas de nécessité.

Article 16 : Lorsque la Commission d'Avancement et de Discipline est saisie, elle charge le Rapporteur de mener l'enquête. Cette enquête comporte audition du Magistrat mis en cause, du plaignant et des témoins, s'il y a lieu.

Article 17 : L'enquête une fois terminée, le Magistrat est cité à comparaître devant la Commission. Il lui est fait communication de son dossier.

Article 18 : Au jour fixé par la citation, le Magistrat déféré est invité à fournir ses explications et à développer ses moyens de défense sur les faits articulés contre lui. Il peut se faire assister d'un Avocat.

Si le Magistrat cité, hors le cas de force majeure, ne comparaît pas, la Commission peut passer outre.

Article 19 : La Commission délibère à huis clos à la majorité des voix.

En cas de partage, la voix de son Président est prépondérante.

La décision de la Commission d'Avancement et de Discipline constitue un avis qui est soumis à l'appréciation souveraine du Ministre de la Justice, Garde des Sceaux. Celui-ci peut entériner cette décision ou la modifier.

Article 20 : Lorsque la poursuite concerne un membre de la Commission, celui- ci ne peut siéger tout au long de l'examen de son dossier. Il lui est substitué un autre Magistrat du Parquet désigné par le Procureur Général près la Cour Suprême, à moins qu'il ne s'agisse d'un Magistrat de l'Administration Centrale du Ministère de la Justice, auquel cas, c'est le Ministre de la Justice, Garde des Sceaux, qui procède à cette désignation.

Article 21 : Les dépenses nécessaires au fonctionnement de la Commission d'Avancement et de Discipline des Magistrats du Parquet et ceux de l'Administration Centrale du Ministère de la Justice sont supportées par le Budget du Ministère de la Justice.

Article 22 : Le présent Décret qui prend effet à compter de sa date de signature sera enregistré et publié au Journal Officiel de la République.

Conakry, le 1er mars 2005

- GENERAL LANSANA CONTE -

BIBLIOGRAPHIE GENERALE

- André Pouille, Le pouvoir judiciaire et les Tribunaux, Edition Masson, janvier 1985 ;
- Pratique des Parquets et de l'instruction, tome IV, Editions du Juris-classeur, 1998 ;
- Devenir Magistrat, Document produit par l'Ecole Nationale de la Magistrature, février 1993 ;
- Jean Vincent, S. Guinchard, Gabriel Montagnier et André Varinard, La Justice et ses institutions, Dalloz, Coll. « Précis Dalloz », 4è éd. 1996 ;
- Daniel GAUTHIER, Manuel de déontologie du Magistrat guinéen, Ministère de la Justice, avril 1995.

TABLE DES MATIERES

L'HARMATTAN, ITALIA
Via Degli Artisti 15 ; 10124 Torino

L'HARMATTAN HONGRIE
Könyvesbolt ; Kossuth L. u. 14-16
1053 Budapest

L'HARMATTAN BURKINA FASO
Rue 15.167 Route du Pô Patte d'oie
12 BP 226
Ouagadougou 12
(00226) 50 37 54 36

ESPACE L'HARMATTAN KINSHASA
Faculté des Sciences Sociales,
Politiques et Administratives
BP243, KIN XI ; Université de Kinshasa

L'HARMATTAN GUINÉE
Almamya Rue KA 028
En face du restaurant le cèdre
OKB agency BP 3470 Conakry
(00224) 60 20 85 08
harmattanguinee@yahoo.fr

L'HARMATTAN COTE D'IVOIRE
M. Etien N'dah Ahmon
Résidence Karl / cité des arts
Abidjan-Cocody 03 BP 1588 Abidjan 03
(00225) 05 77 87 31

L'HARMATTAN MAURITANIE
Espace El Kettab du livre francophone
N° 472 avenue Palais des Congrès
BP 316 Nouakchott
(00222) 63 25 980

L'HARMATTAN CAMEROUN
BP 11486
Yaoundé
(00237) 458 67 00
(00237) 976 61 66
harmattancam@yahoo.fr

525753 - Mars 2013
Achevé d'imprimer par
1livre.com

Made in United States
Orlando, FL
04 November 2026

90200853R10160